အေးမြသာယာသော ဆောင်းနံနက်ခင်း၌
ကိုက်စားခံရခြင်း

Being Eaten Alive
on a Cool, Pleasant Winter's Morning

Readings from Pansodan
ပန်းဆိုးတန်းမြန်မာပတ်စာ

1. Maung Swe Tint and Nance Cunningham. Being Eaten Alive on a Cool, Pleasant Winter's Morning. 2012
မောင်ဆွေတင့်၊ စန်းစန်းပွင့် အေးမြသာယာသောဆောင်းနံနက်ခင်း၌ ကိုက်စားခံရခြင်း။ ၂၀၁၂။
2. P. Monin and Anna Allott. P. Monin's P. Monin. 2012
ပီမိုးနင်း၊ ခင်ခင်ချော။ ပီမိုးနင်း၏ပီမိုးနင်း။ ၂၀၁၂။

Being Eaten Alive
on a Cool, Pleasant Winter's Morning

အေးမြသာယာသော ဆောင်းနံနက်ခင်း၌
ကိုက်စားခံရခြင်း

မောင်ဆွေတင့်

Maung Swe Tint

Translated and adapted
for language learners by
Nance Cunningham

PANSODAN BOOKS

Pansodan Books

Copyright © 2012 Maung Swe Tint and Nance Cunningham
First edition April 2012

All rights reserved.

ISBN: 0987925318
ISBN-13: 978-0987925312

A catalogue record for this book is available from
the Canadian National Library.

Cover painting by Yè Win Aung, courtesy of Pansodan Art Gallery. Book text font Gentium Book, Optima and Masterpiece Uni Sans; Pansodan Books logo font Intimacy by Steve Lundeen of Emerald City Fontworks. Cover font is YoeYar, designed by Maung Maung San; *Readings from Pansodan* Myanmar text is Avaparabaiq, designed by Nance Cunningham.

www.pansodan.com

DEDICATION

To all the literature lovers who helped me to learn Burmese, and especially to U Saw Tun, who, as one of my first teachers, set me on the path to learn Burmese, and Anna Allott, who has done so much for the international accessibility and appreciation of Burmese literature.

CONTENTS

About Readings from Pansodan — i

Introduction — iii

Part I: Being Eaten Alive on a Cool, Pleasant Winter's Morning, simplified — 1

Part II: Being Eaten Alive on a Cool, Pleasant Winter's Morning, with translation and annotations — 37

Part III: Practice — 79

Part IV: Answers to Questions — 87

About Readings from Pansodan

Pansodan Street, crossing the heart of Yangon, is known for its many second-hand booksellers. Readers browse among the stacks of books beside the wide street, and sip tea at the small tables of the teashops scattered among them. Many a fine day has been divided between the two.

It is difficult for Burmese language learners to find materials that will help them enjoy the wealth of literature to be found on Pansodan. There are very few materials designed to speed the transition from intermediate to advanced ability. This book is the first in a series created to help learners cross this plateau. While the series is intended mainly for English-speakers learning Burmese, they may be useful for Burmese speakers who wish to improve their English and translation skills as well.

Part I is a simplified version of the story in modern colloquial Burmese, with a page-by-page summary in English, questions on each page, and room for the reader's notes. In this part, the running summary let readers know whether they are following the plot, or whether their understanding has strayed. There is no need to understand every word. The learner should read the questions before reading the page, as sometimes they contain a hint about a difficult word. All questions should be answered in Burmese, with full sentences where possible. Answers are in Part IV.

Part II is the original story with the translation and notes on facing pages. It is reproduced in the pre-reform spelling of the time it was published, with only minor editing of punctuation. As the reader is familiar with the outline of the story, here the concentration of the learner should be on how it is told, new vocabulary and grammar, and consolidation of material encountered in the first reading. In this way, the learner absorbs the natural discourse and logic of the language.

Part III brings out some useful elements from the story's vocabulary and grammar, with more examples of use, and suggestions for practice. Part IV contains the answers to the questions, and their translation. Blank pages at the end are intended for readers to write their own glossary and notes.

Further *Readings from Pansodan* books are planned to cover more subjects and decades, bringing learners the enjoyment of Burmese literature as well as insight into the times and places of the literature.

Abbreviations and symbols used in this text:

N noun
V verb
- follows a Burmese verb

In the Burmese story texts, a dotted underline without a footnote indicates a name. A dotted underline before a footnote number indicates that the footnote refers to all underlined syllables; without an underline, it refers to only the word directly before the number.

Introduction

This first-person story by Maung Swe Tint was first published in Shumawa Magazine volume 34, number 404 (pages 88–96) in January 1981. The story itself was completed on 6 December 1980. It has much to offer the language learner, as it deals with mundane matters, but the narrator is also thoughtful.

It is a slice-of-life of a morning in the family of a literary intellectual in the impoverished Burma of the Burma Socialist Programme Party (BSPP) years. The narrative starts out simply, with a meditative description of the narrator's morning routine and family arrangements, told in simple, straightforward prose. It develops into a story about the fragility of life, and the tension between the desire to foster trust and love, and the need for fear and wariness.

The everyday descriptions allow the learner to concentrate on reading skills and vocabulary, and there is enough context to allow an intermediate reader to guess many of the unfamiliar words accurately.

The somewhat more advanced reader will appreciate the ironies, metaphors, self-reference, and overall shape of the story. The prose style is a fine example of colloquial rhythm in literary form, a style which became very popular in the 1980s.

Maung Swe Tint was the editor of Shumawa, which was a major literary magazine of the time. Shumawa Magazine, founded in 1956, was known for publishing many new, unknown writers, but it also featured many well-established writers like Thawta Swe, who is mentioned in this story.

I would like to acknowledge the kindness of Maung Swe Tint in allowing me to use his work in this way, and the invaluable insights and editing of Aung Soe Min.

Nance Cunningham
Chiang Mai
14 March 2012

PART I

အပိုင်း (၁)

အေးမြသာယာသော ဆောင်းနံနက်ခင်း၌ ကိုက်စားခံရခြင်း

မောင်ဆွေတင့်

Being Eaten Alive on a Cool, Pleasant Winter's Morning

Maung Swe Tint

(Simplified)

မနက် သုံးနာရီလောက် အိပ်ရာက နိုးခဲ့တယ်။

ထုံးစံအတိုင်း အိပ်ခန်းထဲက ထွက်ပြီး၊ မျက်နှာသစ်ဖို့ တစ်ဘက်ခန်းကိုဖြတ်ပြီး အိမ်မကြီးဘက်မှာ ရှိတဲ့ နောက်ဘေးခန်းကို ဝင်ခဲ့တယ်။

မျက်နှာသစ်၊ သွားတိုက်၊ မျက်နှာသုတ်ပြီး အသင့်လက်ထဲပါလာတဲ့ ဆေးပေါ့လိပ်ကို မီးညှိပြီး အိမ်သာကိုတက်တယ်။

အိမ်သာက ပြန်ဆင်းလာပြီးတဲ့အခါ အိမ်ရှေ့ခန်းဘက်ကို အိမ်မကြီးဘက်က ဖြတ်ပြီး ပြန်လာခဲ့တယ်။

အိမ်ရှေ့ခန်းမှာ ကိုယ့်စာကြည့်စာရေးစားပွဲ ရှိတယ်။

မီးခလုတ်ကို ဖွင့်လိုက်တယ်။

အဲဒီနောက် ရေနွေးအိုးကို စာအုပ်ဗီရိုကြီးပေါ်က လှမ်းယူလိုက်တယ်။ စာကြည့်စားပွဲပေါ်တင်တယ်။ ကရားအဖုံးကိုဖွင့်ပြီး ရေနွေးဝေါက်တံနဲ့ ရေနွေးတည်လိုက်တယ်။

ထုံးစံအတိုင်း.....။

နေ့တိုင်း၊ မနက်တိုင်းလုပ်နေကျပဲပေါ့။

ခဏ အိမ်ရှေ့ခန်းမှာ လမ်းလျှောက်နေမိတယ်။

အိမ်မကြီးရဲ့ခြံထဲ သစ်ပင်က ကြက်ဖရဲ့ တွန်သံကို တစ်ချက်ကြားရတယ်။

တိုင်ကပ်နာရီကို လှမ်းကြည့်မိတယ်။

သုံးနာရီခွဲပြီ။

မနက်ပိုင်းဆိုရင်၊ ဒီအချိန်လောက်ကစပြီး နာရီဝက်တစ်ကြိမ် ကြက်ဖ တွန်သံကို ကြားရမယ်။

အိမ်ရှေ့ခန်းက ပြတင်းပေါက်ကို ဖွင့်လိုက်တယ်။

အေးမြသန့်စင်တဲ့ လေက ဝင်ရောက်လာတယ်။

ပြတင်းပေါက်အနီးမှာ သွားရပ်နေတယ်။

လေကို ရှူရှိုက်လိုက်မိပြန်တယ်။

အသည်းနှလုံးထဲမှာ အေးမြ သန့်စင် သွားတယ်။

ဘဝမှာ လူလာဖြစ်ရတာ၊ တစ်ခါတစ်ရံ ရရှိတဲ့ ဒီလို အရသာကလေးတွေသာ ဘဝရဲ့ သုခချမ်းသာ ဖြစ်မယ်.... လို့ တွေးမိတယ်။

The narrator wakes up and goes through his morning routine. He is a writer who lives in a multi-family household with a main house and separate sleeping areas at the back. He hears a cock crow. He breathes in the fresh morning air at the window, and thinks of how such simple things are the pleasures of life.

1.a. What time does he wake up?

1.b. Did he wake up earlier or later than usual?

1.c. What is the verb for 'crow'? What is the noun?

၁ ကII II   ဘယ်လို ဆေးလိပ်မျိုး သောက်တတ်သလဲII

၁ ခII II   သူ့အိမ်မှာ မီးလာသလား:II

၁ ဂII II   ရေနွေးအိုး ဘယ်မှာ သိမ်းထားတတ်သလဲII

ဒီလောကအတွင်းက ဝေဒနာများစွာတို့ကို နာကျင်ခံစားရလို့အတွက် လူ အဖြစ်နဲ့ ရောက်ရှိလာခဲ့ရတယ်ဆိုတဲ့ တရားကိုပင်၊ တဒင်္ဂပဟာန်အားနဲ့ မေ့ပျောက်သွားမိတယ်။

အရှေ့မှာ ရောင်နီ မသန်းသေးဘူး။

ကောင်းကင်က မည်းမှောင်နေဆဲမို့လို့၊ ကြယ်ပွင့်ကလေးများအကြား၊ အရှေ့ တောင်ဘက်မှာ မိုးသောက်ကြယ်ကို လှမ်းမြင်နေရတယ်။

မိုးသောက်ကြယ်၊ ဒါမှမဟုတ်... ကြယ်နီဆိုလား...။ ဒါမှမဟုတ်... သောကြာ ကြယ်၊ အို...ဗီးနပ်စ်၊

ရေနွေးအိုးက ပွက်သံကို လှမ်းကြားလိုက်ရပြီ။

တစ်ချက် လှည့်ကြည့်လိုက်မိတယ်။ နေပါစေဦး။ ရေနွေးဆိုတာ ကျိုသားကျမှ ပိုကောင်းမယ် မဟုတ်ဘူးလား။

ကိုယ်တို့ မိသားစုနေရာ ဆောင်ခန်းဘက်က... နောက်ဘေးခန်းကို ဝင်လာခဲ့ မိတယ်။

နောက်ဘေးခန်းက ကြောင်အိမ်ကို ဖွင့်တယ်။

အသင့် ဆေးထားပြီးသား ခွက်ကို ထုတ်ယူတယ်။

အဲဒီ ခွက်ထဲကို ကော်ဖီမှုန့်ကို လက်ဖက်ရည်ဇွန်းသေး နှစ်ဇွန်းပြည့်ပြည့် ထည့်တယ်။

သကြားပုလင်းကိုပါယူတယ်။

နို့ဆီ ပုလင်းကို ထုတ်ယူတယ်။

ပြီး... အိမ်ရှေ့ခန်းကို ပြန်ထွက်လာခဲ့တယ်။

နံရံပလပ်ပေါက်က ခလုတ်ကိုပိတ်ပြီး ပလပ်ကိုဖြုတ် ရေနွေးဝေါက်တံကို နုတ်ပြီး ရေနွေးအိုးကို ကိုင်က ကောက်ယူကိုင်လိုက်တယ်။

စာကြည့်စားပွဲပေါ်မှာ ကော်ဖီဖျော်တယ်။

ပြီး ရေနွေးကြမ်းဓာတ်ဘူးထဲကို ရေနွေးကိုထည့် လက်ဖက်ခြောက်ခတ်။

ပြီး သိမ်းဆည်းစရာ သကြားပုလင်း၊ နို့ဆီပုလင်းတို့ကို သူ့နေရာမှာ သူပြန် ထား၊ပြီး သိမ်းဆည်းလိုက်တယ်။

ကော်ဖီ အဆင်သင့်ပဲ။ ရေနွေးကြမ်း အဆင်သင့်ပဲ။

ထုံးစံအတိုင်း အခါတိုင်း မနက်တွေကလိုပဲ... စာကြည့်စားပွဲမှာဝင်ထိုင်တယ်။

Through this momentary happiness the narrator forgets the law that people are subject to pain and suffering in this world. The dawn rays have not yet tinged the eastern sky. He spots Venus in the south-eastern sky, and thinks of its various guises. He boils water with an immersion coil, completes his coffee and tea preparations, and returns everything to its place.

2.a.　　What day of the week is Venus associated with?

2.b.　　Does he drink his coffee black?

2.c.　　What is the verb for putting tea leaves in hot water?

၂ က။ ။ ကြောင်အိမ်ထဲမှာ ဘာ ပစ္စည်းတွေ သိမ်းထားသလဲ။

၂ ခ။ ။ မနက်ပိုင်းမှာ ကော်ဖီခွက် ဆေးရသလား။

၂ ဂ။ ။ ကော်ဖီဖျော်အပြီးမှာ သိမ်းစရာ ဘာတွေ ရှိသလဲ။

ကြက်ဖတွန်သံကို ကြားရပြန်ပေ့။
မနက် လေးနာရီ ထိုးပြီ။
စားပွဲဘေးမှာရှိတဲ့ စာအုပ်စင်ငယ်က စာအုပ်တစ်အုပ်ကို လှမ်းယူလိုက်တယ်။
ပြီး... ဖွင့်ဖတ်မိတယ်။
စားပွဲအံဆွဲတစ်ခုကို ဖွင့်ပြီးအထဲက မှတ်စုစာအုပ်တစ်အုပ်ကို ထုတ်တယ်။
ကူးယူချင်တဲ့ စာကြောင်းတွေကို ကူးယူမှတ်သားနေမိတယ်။
'ဝတ္ထုရှည်များထဲ၌ ဘယ်တော့မှ တွေ့သိနိုင်ခြင်းမရှိတဲ့ ဇာတ်ကောင်စရိုက်များကို သင်သည် ဝတ္ထုတိုကလေးများထဲတွင် တွေ့သိနိုင်ပေလိမ့်မည်။'

ကော်ဖီကို တစ်ကျိုက် သောက်ချလိုက်မိတယ်။
ဆေးလိပ်ကို တစ်ရှိုက် ရှူဖွာလိုက်မိတယ်။
စိတ်အလျှည်သန္တတိငြိမ်းအေးမှုရနေတာ အမှန်ပါ။
ကိုယ်ချစ်တဲ့စာကို ဒီလိုကာလ၊ ဒီလိုအချိန်မျိုးမှာ အနှောင့်အယှက်ကင်းမဲ့စွာ ဖြင့်၊ တစ်ယောက်တည်း တွေ့ထိရင်းနှီးနိုင်ခွင့်ရနေခြင်းကိုပင် ကျေနပ်နှစ်သိမ့်နေ မိတယ်။
တစ်အိမ်လုံး အိပ်မောကျ ကောင်းနေဆဲဖြစ်တယ်။
အတွင်းအိပ်ခန်းမှာ သမီးငယ်နှစ်ယောက်က သူတို့ အမေနဲ့အတူ အိပ်နေကြ တယ်။ နောက်ဘက်က အခန်းမှာ သားအလတ်ကောင်၊ တစ်ဘက်အိမ်မကြီး အပေါ်ထပ်မှာ သားအကြီးကောင်က သူ့အဘွား အဒေါ်တို့နဲ့အတူ သွားအိပ်တယ်။ သူ့ကို ခုတင်တစ်လုံး သတ်သတ် ပေးထားကြတယ်။
စာရေးစားပွဲက ခဏထပြီး အညောင်းဆန့်ပြီး အိမ်ရှေ့ခန်းမှာ လမ်းလျှောက် နေမိပြန်တယ်။
နေ့စဉ် မနက်စောစောစီးစီးထတဲ့ အကျင့်ကို ရခဲ့တာ ကြာပြီ။

He takes down a book and a notebook, and begins to read and make notes. He drinks some coffee, puffs on his cheroot, and reflects that his previous serenity was real, as he was satisfied being able to spend time alone with his beloved literature while the whole house slept. He runs through the family sleeping arrangements. He gets up to stretch.

3.a.　　Where does he usually keep his notebook?

3.b.　　How do you count drinks of coffee?

3.c.　　What is the Pali word used for *stream of consciousness*?

၃ ။ က။ ။ ဘယ်နှာရီထိုးပြီလဲ။

၃ ။ ခ။ ။ တစ်အိမ်လုံး နိုးနေပြီလား။

၃ ။ ဂ။ ။ သားအလတ် ဘယ်မှာအိပ်သလဲ။

ကျောင်းသား ဘဝကော...။

ဒီလိုပဲ မနက်စောစီးမှာထပြီး စာများများတို့ကို ကျက်မှတ်ခဲ့ရတယ်။

ဒါပေမဲ့၊ အဲဒီတုန်းက မနက်စောစောစီးစီးထတဲ့အကျင့်က သိပ်မမှန်။ ညနက် အောင် စာကျက်ပြီး၊ မနက်ပိုင်း ပြန်အိပ်တဲ့ နေ့တွေလည်း ရှိခဲ့တယ်။

အထူးသဖြင့်၊ အခုလို မနက်စောစောစီးစီး အထမှန်ခဲ့တာက ဒီဘက်နှစ်ပိုင်း များမှာဖြစ်တယ်။

သမီးအငယ်ဆုံးက လွဲရင် အကြီးသုံးယောက် အတန်းကြီးလာလို့၊ မနက် ခုနစ်နာရီအမီ ကျောင်းတက်ရတဲ့ အချိန်မှ စခဲ့တယ်။

အဲဒီအချိန်တွေက စပြီး၊ ညပိုင်းမှာ စောစီးအိပ်ပြီး မနက်သုံးနာရီ လေးနာရီ လောက် နိုးပြီး ကိုယ်လုပ်နေကျ စာရေးစာဖတ် အလုပ်တွေကို လုပ်ကိုင်ခဲ့တာ။

လမ်းလျှောက်နေမိရာကနေ၊ ကိုယ်တို့အဆောင်ရဲ့ နောက်ဘေးခန်းဘက်ကို ခဏ ဝင်လာခဲ့မိပြန်တယ်။

သားအလတ်ကောင်ရဲ့ အိပ်ခန်းတံခါးနဲ့ ကပ်ရင်း တစ်နေရာက... ကျလီ... ကျလီနဲ့... ကြက်ပေါက်စကလေးရဲ့ အသံကို ကြားရတယ်။

အော်...။

တစ်ကောင်တည်း... အဖော်ကွဲ... ကြက်ပေါက်စကလေး။

ညနေက သားအလတ်ကောင်ကို ဒီကြက်ကလေး... ကမာရွတ်ရှိ သူဦးလေး အငယ်ဆီ လူကြုံနဲ့၊ ပို့ပေးဖို့ ပြောခဲ့တာလည်း၊ မပို့ဖြစ်သေးဘူး။

မနေ့က တစ်ကောင် ပျောက်သွားခဲ့တယ်။ ခွေးဆွဲသလား၊ ကျီးသုတ်သလား၊ လူဖမ်းသလား... မသိခဲ့ရဘူး။

ကြောင်ပဲ ခုတ်သွားသလား။

အိမ်က မေမေ မွေးထားတဲ့ ကြောင်တွေထကတော့ ဟုတ်ဟန်မတူဘူး။ အိမ်က ကြောင်တွေက ယဉ်ကျေးတယ်။

ဟို... ကျားကြီး၊ ကျားလေးဆိုတဲ့ ကြောင်နှစ်ကောင်ကလည်း နာမည်နဲ့ မလိုက်အောင် သိမ်မွေ့ကြတယ်။

နှစ်ကောင်စလုံး အထီးဖြစ်ကြပေမဲ့ အိမ်ပေါ်ထပ်က အောက်ကိုတောင် ဆင်း ခဲ့တယ်။

He has risen early since his student days, when he used to study in the early hours, though less regularly back then, as he would also study late at night. His older daughters have to get to school in time. He walks into the back part of the house where he hears the sound of a lone chick cheeping as he nears his son's door. His son had said he would send the chick to his uncle in Kamayut, but he had not done it yet. One chick had disappeared the previous day. No one knew if it was caught by a dog, a crow, a person, or a cat. It was not likely to be one of the house cats, though there were two tomcats. Despite having fierce names, they were tame and hardly even came downstairs.

4.a.   Does he ever go back to sleep in the morning?

4.b.   What sound does he hear from his son's room?

4.c.   What are the cats' names?

၄ ကII ။   သမီးဘယ်နှယောက် ရှိသလဲ။

၄ ခII ။   အိမ်မှာ ကြက်ပေါက်စလေး ဘယ်နှကောင် မွေးသလဲ။

၄ ဂII ။   အိမ်မှာ မွေးတဲ့ကြောင်တွေ ဘယ်သူ့ကြောင်တွေလဲ။

မနေ့က သူ့ကြက်ပေါက်စ နှစ်ကောင်အနက် သိပ်မသွက်လက်တဲ့ အယဲ တစ်ကောင် ပျောက်သွားခဲ့ရာ၊ သားအလတ်မိုးမိုးက ကြောင်ဆွဲတယ်လို့ ထင် နေတယ်။

အရမ်းမထင်ပါနှင့်ဟု မနည်းပြော ထားရတယ်။

သူ့ကြက်ကို ခုတ်တဲ့ကြောင်ကို ထောင်မယ်၊ ကြောင်သားဟင်းချက်စားမယ် လို့ လူပျိုပေါက်ပီပီ... ဦးနောက် မသုံးပဲ ပါးစပ်သရဲတယ်။

ကြောင်တွေကို တခုခုလုပ်လိုက်ရင်၊ သူတို့အဖွား၊ ကိုယ့်အမေနဲ့ ပြဿနာဖြစ် ရမယ်။ မေမေက သူ့အိမ်ပေါ်က ကြောင်တွေကို လူလို ထားတယ်။

ကလေးတွေ လက်သရမ်းမှာ စိုးလို့ သူတို့ ဦးလေးတစ်ယောက်ဆီကို အပ် ထားတဲ့ ကိုယ့် လေသေနတ်ကို ပြန်တောင်းမယ်လို့ မိုးမိုးက ဆိုတယ်။

ကိုယ့်သားအလတ် မိုးမိုးက ဟိုဘဝက ဘာကောင် ဖြစ်ခဲ့တယ် မသိ။ ငယ်ရွယ်တုန်းက နှစ်သား အရွယ်ကတောင် တိရစ္ဆာန်ကို သူအင်မတန် ချစ်တယ်။

လွန်ခဲ့တဲ့ သုံးလေးနှစ်လောက်မှစပြီး ကာတွန်းစာအုပ်များနဲ့အတူ၊ ဝတ္ထု စာအုပ် တစ်အုပ်စ နှစ်အုပ်စ ကိုင်တာကို တွေ့ရတော့...။

သားသမီးထဲတွင် စာဝါသနာအိုးများ ပါလေမလားလို့ ဝမ်းသာအားရနဲ့ ကိုယ်က သူဘာတွေဖတ်သလဲ မေးကြည့်မိတယ်။

အချစ်ဝတ္ထု၊ မကြိုက်၊ စစ်တိုက်တဲ့ ဝတ္ထုမျိုးမှ ဖတ်ချင်တယ်တဲ့။

ကာတွန်းစာအုပ်ဆိုရင်လည်း၊ တိရစ္ဆာန်ဇာတ်ကောင်တွေ များများ ပါဝင်တဲ့ သော်ကရဲ့ 'အရိုင်း'လို ကာတွန်းက သူ့အသည်းစွဲ။

မဂ္ဂဇင်းတွေ ထွက်ရက်ဆိုရင် သူအရင်ဆုံးဖတ်ချင်တာ ရှုမဝက သော်တာဆွေ ရဲ့ 'ကျွန်တော့်ဘဝဇာတ်ကြောင်း'။ အထူးသဖြင့် ကြက်တွေ၊ မြင်းတွေအကြောင်း ပါတဲ့ မနှစ်တနှစ်က... အပုဒ်များကို သူအားလုံးဖတ်တယ်။ ဒီနှစ်ထဲ ဆရာကြီး ရွှေဥဒေါင်းအကြောင်းတွေနဲ့ ဗွန်ကိုင်ဇာတိုအကြောင်းကို ရေးတော့၊ သူမှန်မှန် မဖတ်တော့ဘူး။ ဟိုတလောက... ဦးလေးသော်တာဆွေက အစားအသောက် အကြောင်းတွေ ထည့်ရေးတော့ မိုးမိုးက အဲဒီတစ်ပတ်မဂ္ဂဇင်းကို ဖတ်ပြီး... 'ဘဘသော်တာဆွေရေးတာ အရမ်းကောင်းတာပဲ'လို့ ချီးကျူးတယ်။

When the less nimble of the two chicks had disappeared the previous day, his middle son thought that a cat had carried it off. The narrator tells his son not to be so sure, but just like the young man he is, he uses his mouth rather than his brain, and talks of harming the cat. The son says he will ask for the air rifle (usually kept with an uncle to prevent accidents). His strong defense of the chick prompts the narrator to wonder what animal his son was in a previous life. His son also loves reading, which makes the narrator happy.

5.a.   What is his middle son's name?

5.b.   How do you say 'brain' in Burmese? Look up the pronunciation if you do not know it.

5.c.   What kind of stories does his son not like?

၅ ကll ။ သမီးအကြီး စာပေဝါသနာ ပါလား။။

၅ ခll ။ လေသေနတ် ဘယ်သူ့ဆီမှာ အပ်ထားခဲ့သလဲ။။

၅ ဂll ။ 'အရိုင်း' ကာတွန်းကို ဘယ်သူရေးသလဲ။။

အသက်ခြောက်ဆယ်ရှယ် စာရေးဆရာကြီးရဲ့စာကို... ဆယ့်သုံးလေးနှစ် သားက ချီးကျူးနေတာ ဆိုတော့ ကိုယ်ပြုံးမိတယ်။

ကိုယ်ငယ်ငယ်ကလည်း... အဲ့လိုပဲ၊ တန်ရာတန်ရာစကားများကို မပြောခဲ့ မိဘူး။

ဒါပေမယ့်၊ ကိုယ့်သားအလတ်က ကိုယ့်လို စာသမား လူမွဲတော့ဖြစ်မယ် မထင်ဘူး။

ကျောင်းမှာ စာလည်း မတော်ဘူး။

အားကစားမှာ သူတော်တယ်။ ရပ်ကွက်ထဲ ကြက်တောင်ရိုက်ရာမှာ ပထမ ဒုတိယ ရဖူးတယ်။ အဆော့အကစားများတယ်။ တိရစ္ဆာန်တွေဆို ချစ်တတ်တယ်။ အပေါ်ထပ်က မေမေက ကြောင်လိုချင်တယ် ဆိုရင် သူပဲဘယ်က ရှာဖွေ လာတယ် မသိဘူး။ ကြောင်တွေကို ယူလာတတ်တယ်။

ဘယ်ကရလာတယ် မသိ၊ ကြက်တွေယူလာကာ... ခြံထဲမှာ မွေးတယ်။ မနှစ်က၊ ဦးလေးသော်တာဆွေ အိမ်ကို ဘတ်စ်ကားနဲ့ အရောက်သွားပြီး တိုက်ကြက်ဖ တစ်ကောင်ကို တောင်းယူလာခဲ့သေးတယ်။

'ဟေ့... မောင်ဆွေ...၊ မင့်သား ကြက်သမားရော...'လို့ သော်တာဆွေ မေးတယ်။ မနည်းကြီး ကိုယ်ထိန်းထားခဲ့ရတယ်။ ဝါသနာတူနေကြတယ်။

အခုလည်း၊ ခြံထဲမှာ ကြက်ဖတစ်ကောင်၊ ကြက်မနှစ်ကောင်၊ အိမ်ခေါင်ရင်းက သစ်ပင်ပေါ်မှာ ရှိနေကြတယ်။

သူ့အိပ်ခန်းပြင်ဘက်၊ တံခါးပေါက်ဝအနီးမှာ အမှိုက်ခြင်းတောင်းထဲ ထည့်၊ အပေါ်က သံဆန်ခါနဲ့အုပ်ထားတဲ့... ကြက်ပေါက်စ တစ်ကောင်။ ကျလီ... ကျလီ... မြည်နေတယ်။

နောက်ဘေးခန်းက အိမ်ရှေ့ဘက်သို့ ကိုယ် ပြန်ထွက်လာမိပြန်တယ်။

ကြက်ဖ တွန်သံ တစ်ချက် ကြားရပြန်တယ်။

နောက်ဆက်ပြီး တွန်နေပြန်တယ်။

ပြတင်းပေါက်က လှမ်းမြင်ရတဲ့ အပြင်ဘက်ကောင်းကင် ရှေ့တစ်ခွင်မှာ ရောင်နီ ပျိုးနေပြီ ဖြစ်တယ်။

တိုင်ကပ်နာရီကို လှမ်းကြည့်မိတဲ့အခါ၊ ငါးနာရီပင် ခွဲခါနီးနေပြီ။

The narrator is amused at the way that his young son praises a 60-year-old writer. He smiles as he remembers that he was much the same, though he does not expect his son to grow up to poor like him. The previous year, his son went to the writer Thawta Swe's home by bus and asked for a fighting cock. The narrator notes the closeness of the two of them, wondering what in a past life connected them, as they have so much in common. He once had to stifle his annoyance when Thawta Swe asked if the narrator's son was into cockfighting. He hears the chick cheeping from a basket covered by a screen. The cock crows. Dawn breaks.

6.a.   Is his son good in school?

6.b.   In what sport does his son usually come in first or second?

6.c.   What does he find outside his son's door?

၆ ကII II   သားအလတ် ဘယ်ရာမှာ တော်သလဲ။

၆ ခII II   သားက သူ့အဘွားအတွက် ကြောင်တွေ ဘယ်က ရှာဖွေသလဲ။

၆ ဂII II   စာရေးဆရာ သော်တာဆွေဆီက ဘာ တောင်းခဲ့သလဲ။

ဒီနေ့ မနက်...။
စာသိပ် မဖတ်ဖြစ်ဘူး။

စောစောက ဖတ်လက်စ စာအုပ်ကို စားပွဲပေါ်က လှမ်းယူပိတ်ကာ၊ နံဘေး စာအုပ်စင်ပေါ်ကို ပြန်တင်လိုက်တယ်။

ဟိုတနေ့က စာကြည့်ခန်းထဲက အထပ်လိုက် ဆွဲထုတ်ယူထားတဲ့ 'အဲန်ကောင်တာ' စာစောင်များကို လှမ်းတွေ့နေမိပြန်တယ်။ တစ်အုပ်ဆွဲယူလိုက် မိပြန်တယ်။

စာပေဆောင်းပါးများ ပါတဲ့စာအုပ်တွေဖြစ်တယ်။ ဟိုတနေ့က အကြမ်းဖျင်း တစ်ခေါက်ဖတ်ခဲ့ပြီးပြီဖြစ်တယ်။ ထပ်ဖတ်ချင်စိတ်ဝင်လာပြန်လို့ စာမျက်နှာများကို လှန်မိပြန်တယ်။

တွန်မ်ဝဉ်(ဖ်)ရဲ့ 'နော်ဗဲလ် ဝတ္ထုရှည်များက...အကြောင်းအရာနှင့် ပုံသဏ္ဍာန်'၊ ဂျွန်အပ်ဒိုက်ရဲ့ 'နော်ဗဲလ် ဝတ္ထုရှည်များရဲ့ အနာဂတ်'၊ ရိုက်မောရစ်ရဲ့ 'ဖစ်ရှင် ဝတ္ထုများကို ဖတ်သည့်အခါ'။

ဖစ်ရှင်ခေါ် ခေတ်ပေါ်ဝတ္ထုတွေမှာ ဒီနေ့အသုံးများလာတဲ့၊ ပထမ နာမ်စား 'ကျွန်တော်' အကြောင်းကဏ္ဍကို ပြန်ဖတ်နေမိတယ်။

စာပေဝေဖန်ရေး၊ သဘောတရား ဆရာလုပ်လိုတော့ မဟုတ်ဘူး။ ကိုယ့် ဝမ်းစာရှာမှီးရှင်းအလုပ်မှာ အယ်ဒီတာအလုပ်ဖြစ်ရာ၊ လက်လှမ်းမီသမျှ လှမ်း ဖတ်ရခြင်းသာပဲ။ ပြီးတော့လည်း... စာပေကို ကိုယ်ချစ်ခဲ့တာတော့အမှန်။ ကိုယ့် တစ်သက်လုံး စာပေနဲ့သာ အကျွမ်းတဝင် ရင်းနှီးခဲ့ရတာလေ...။

တကယ်ပဲ၊ အရှေ့တခွင်မှာ ရောင်နီပျိုးပြီ ဖြစ်လေတယ်။

ပြတင်းပေါက်ကနေ တိုက်ခတ် ဝင်ရောက်လာတဲ့ ဆောင်းလေက အသည်း ဘဝင်နှလုံးကို ကြည်လင်လန်းဆတ်ချမ်းမြစေတယ်။

ရောက်ဖူးခဲ့တဲ့ မြောက်ပိုင်းတိုင်း၊ ကချင်ပြည်နယ်နဲ့ ကမ္ဘောဇ ရှမ်းပြည်ကို သတိတရ ဖြစ်စေမိပြန်တယ်။

ဒီကနေ့ မနက်ခင်းမှာ ဘာကြောင့် မသိ၊ ကိုယ့် စိတ်အစဉ်တို့ကို ကြည်မွေ့ သာယာနေစေတာ အမှန်ပင် ဖြစ်တယ်။

He wasn't reading much this morning. He puts his book back, and takes one out a stack of *Encounter* publications, which include literary articles he had skimmed earlier, and he turns the pages, interested in reading them over. Although he really loves literature, he does not do it for that reason alone. He also depends on it for his living, as an editor, so had to read everything he could get his hands on. He had been close to literature all his life. The eastern sky was turning colour, and the cool air from the window cooled and clarified his mind, reminding him of his time in the north of the country.

7.a. Does he keep reading the same book?

7.b. Where has he travelled to in the north?

7.c. How does he feel this morning?

၇ ကII II ဒီနေ့မနက် စာသိပ်ဖတ်ဖြစ်သလား။

၇ ခII II ဘယ်လို စာအုပ်မျိုး ဖတ်နေသလဲ။

၇ ဂII II ဘာအလုပ် လုပ်နေသလဲ။

အရှေ့ကောင်းကင်တခွင်မှာ အလင်းရောင်တွေဖြန့်ကျင်းလာတဲ့အခါ၊ စာဖတ်နေရာက ထလာခဲ့မိပြန်တယ်။

ကျလစ်...ကျလစ်... အသံကလေးတွေက၊ ပီ...ကနဲ၊ ပီ...ကနဲ အော်ဟစ်လိုက်တဲ့ အသံကလေးတွေကို အဆက်မပြတ် ကြားလိုက်ရပြန်တယ်။

ဇနီးနှစ်ကောင်နဲ့ အတူ ကိုရွှေကြက်ဖလည်း သစ်ပင်မှ ဆင်းလာခဲ့ပြီး၊ အိမ်ရှေ့ ခြေမြေကွက်လပ်မှာ ရောက်နေတာ လှမ်းတွေ့လိုက်ရတယ်။

အဲဒါကြောင့် ကိုယ်က သား မောင်မိုးမိုးရဲ့ အိပ်ခန်းဘက်ကို ဝင်လာခဲ့မိပြန်တယ်။

အဲဒီနောက်၊ သူ့အခန်းနံရံအပြင်မှာ ကပ်ပြီး ချထားတဲ့ သံဆန်ခါအုပ်ထားတဲ့ အမှိုက်ခြင်းထဲက အော်မြည်နေတဲ့ ကြက်ငယ်ကို အသာလက်နဲ့ မဆွဲပြီး ထုတ်ယူလိုက်တယ်။

တဖျပ်ဖျပ်နဲ့ တောင်ပံကလေးတွေကို ခတ်တယ်။

စောစောကလို ပီကနဲ... ပီကနဲ... စူးစူးဝါးဝါး မအော်တော့ပဲ၊ တီးတိုး ညင်သာတဲ့ အသံကလေးနဲ့ အော်နေတယ်။

ကိုယ့်တိရစ္ဆာန်စကားကို နားမလည်ပေမဲ့ ဒီအသံ သူ့ကို ကြိမ်ခြင်းထဲက ထုတ်တာနဲ့၊ ကျေနပ်တဲ့ အဓိပ္ပါယ်လို့ ထင်မိတယ်။

ကိုယ်က သမ်တလင်းပေါ် အသာကလေးချပေးလိုက်တော့ အလင်းရောင်ရှိတဲ့ အိမ်ရှေ့ခန်းကို အပြေးကလေး ထွက်သွားရှာလေတယ်။

သူ့နောက်က ကိုယ်လိုက်လာခဲ့တယ်။

အိမ်ရှေ့ခန်းမှာရှိတဲ့ စားပွဲဟောင်း တစ်လုံးပေါ်မှာ ရှိတဲ့ မနေ့ညက ဆန်ကွဲကလေးတွေကို စုညှည်ထားတဲ့ ဖလားဟောင်းကလေးကို ဆွဲယူပြီး တံခါးပေါက် ရှိရာကို ကိုယ်ထွက်လာခဲ့တယ်။

တံခါးကို ဖွင့်ပေးလိုက်တယ်။

လူ... ကလေးငယ်ကလေး တစ်ယောက်လိုပါပဲ။

ကိုယ် တံခါးဖွင့်နေတုန်း၊ ကိုယ့်ခြေရင်းနားက ခဏ ရပ်စောင့်နေရှာတဲ့ ကြက်ကလေး။

As the first rays lighten the eastern sky, he gets up from his reading. He hears noises, and looks into the front garden to see the chickens have come down from their roost in the tree. This prompts him to go carefully lift the peeping chick out of the basket. It flaps its wings and reduces its loud calls to a quiet cheeping. He understands that this means the creature is glad to be out of the basket. He gently sets it on the concrete floor. It runs off, and he follows it with some broken rice left from the night before, opening the door for it as though it were a child.

8.a.　　Does the chick peep from time to time?

8.b.　　What is the word for 'concrete floor'?

8.c.　　What is he going to feed the chick?

၈ ။ က။ ။　အိမ်ရှေ့ခန်းမှာ လင်းနေပြီလား။။

၈ ။ ခ။ ။　စားပွဲဟောင်းပေါ်မှာ ဘာတွေခဲ့သလဲ။။

၈ ။ ဂ။ ။　ကြက်ပေါက်စလေး ဘယ်နားမှာ စောင့်ခဲ့သလဲ။။

တံခါးပွင့်သွားတာနဲ့...
အပြင်ဘက်ကို အပြေးကလေး ပြေးထွက်သွားရှာတယ်။
အပြင်ရောက်တာနဲ့ အိမ်ရှေ့ အုတ်ခုံလှေကားသုံးဆင့်က ခပ်သွက်သွက် ကလေး ခုန်ဆင်းသွားတယ်။
သူ့နောက်က လိုက်လာခဲ့ပြီး အိမ်ရှေ့မှာ ဆန်ကွဲတွေကို ချပေးလိုက်တယ်။
နှစ်နေရာ ခွဲထားရတယ်။
တစ်နေရာက... အကောင်ကြီး ကြက်ဖနဲ့ ကြက်မ နှစ်ကောင်တို့ အတွက်၊ တစ်နေရာက ဟိုကြက်သုံးကောင်နဲ့ အတူ ထားမရတဲ့ ကြက်ပေါက်စကလေး အတွက်။
ဒီကြက်ကလေးမှာ မနေ့က သူ့သူငယ်ချင်းအိမ်က မိုးမိုး ပြန်ယူလာတဲ့ ကြက် ကလေးဖြစ်တယ်။
နှစ်လသား ကျော်ကျော် အရွယ်ပဲ ရှိသေးတယ်။
လွန်ခဲ့တဲ့ နှစ်လကျော်က...။
ဒီကြက်ငယ်နဲ့ အတူ မွေးချင်း ကြက်ကလေးနှစ်ကောင်တို့ကို အိမ်မှာ အရင်က ရှိခဲ့တဲ့ ကြက်မကြီးတစ်ကောင်က ပေါက်ခဲ့တယ်။
ညဉ့်ပိုင်း တစ်ခုမှာ...။
အိမ်ရှေ့မှာ ရှိတဲ့ ခြံထောင့်က ကြက်ငယ်ကလေးတွေ စူးစူးရှရှ အော်သံကို ကြားရတာနဲ့။
ကိုယ်ထွက်လာပြီး ကြည့်တော့...။
မြေပြင်မှာ ပက်လက်ကြီး ခြေနှစ်ချောင်း မိုးပေါ်ထောင်လဲကျနေတဲ့ ကြက်မ ကြီးကို တွေ့ရတယ်။
ကြက်မရဲ့ခန္ဓာကိုယ် အမွေးအတောင်ကြားက ကြက်ကလေး နှစ်ကောင်ကို တွေ့ရတယ်။
ကြက်မကြီး အနီးကပ် သေချာကြည့်မိတဲ့အခါ၊ အသက်မရှိတော့တာကို တွေ့ရတယ်။
ကိုယ့် သမီးငယ်ဝင်းမင်းနဲ့ ယမင်းတို့နှစ်ဦးလည်း ကိုယ့်အနားကို အပြေး ကလေးရောက်လာခဲ့ကြတယ်။

The chick dashes out and down the brick steps. He scatters the food on a patch of earth, dividing it for the adult chickens and chick. Moe Moe had just brought the chicks back from his friend's house the day before. Two months earlier, he had gone down to the corner of the compound, where he saw one of the hens lying on her back with her legs in the air. Startled, he approached and saw the heads of two chicks peeping out of her feathers, and that she was dead. His two daughters came running.

9.a. How many steps are there?

9.b. Can adult and baby chickens be kept together?

9.c. How old is the chick?

၉ ကll ။ ကြက်ဖ ဘယ်နှကောင် ရှိသလဲ။ ကြက်မ ဘယ်နှကောင်လဲ။

၉ ခll ။ ကြက်ကလေး အရင် ဘယ်မှာ ရှိခဲ့သလဲ။

၉ ဂll ။ ခြောင်တွေ ဘယ်က ရသလဲ။

'ဖေဖေရယ်... ကြက်မကြီး ဘယ်လိုဖြစ်သွားတာလဲ...၊ သနားစရာ၊ သေသွား ပြီ ထင်တယ်နော်... ကြက်ကလေးတွေတော့ ဒုက္ခပဲ' လို့ သူတို့ စုတ်တ သတ်သတ် ဖြစ်နေကြတယ်။

မကြာခင် မိုးမိုးလည်းအိမ်ထဲက ပြေးထွက်လာတယ်။

လက်နှိပ်ဓာတ်မီး သူ့လက်ထဲမှာ ပါလာတယ်။

ကြက်မကြီး ကိုယ်ကို လက်နှိပ်ဓာတ်မီးနဲ့ ထိုးကြည့်ကာ ဒဏ်ရာဝိုင်း ရှာတယ်။

ဘာဒဏ်ရာမှ မတွေ့ရဘူး။

ဦးခေါင်းတခုလုံးကျတော့ ပြာညိုနေပြီ။

'မြွေကိုက်သွားသလား။'

ကိုယ့်နှုတ်က ထွက်သွားတယ်။

'မြို့လယ်ခေါင်မှာ မြွေရှိသလား ဖေဖေ'

သမီးအကြီးက မေးတယ်။

'ဖေဖေတို့ ရပ်ကွက်က... သစ်ပင်တွေ၊ မြက်တွေပေါတယ်၊ မြေကွက်လပ်... ခြံမြေကျယ်တွေ ရှိတယ်ဆိုတော့ ရှိချင် ရှိမှာပေ့...၊ ခ... ဒီနားမှာကလဲ ကြက် တွင်းတွေက ရှိတာ... မြွေရှိနိုင်တာပေ့။'

တွေးမိတွေးရာ၊ ထင်ကြေးနဲ့ ကလေးတွေကို ဖြေနေရတယ်။

'မြွေကိုက်ရင် ဒီလိုပဲ ခေါင်းက ညိုမည်းသွားသလား...ဖေဖေ'လို့ မိုးမိုးက မေးတယ်။

'ဟော့အေး... ဖေဖေ နားမလည်ပါဘူးကွယ်...'

'သား... ဟိုဘက် မြောင်းမှာ သွားလွှင့်ပစ်လိုက်ရမလား၊ ဒါမှမဟုတ်... ဟို ဘက်ခြံက အလုပ်သမားတွေ သွားပေးရမလား...၊ သူ့တို့ ချက်စားရအောင်။'

'ဟာ...ကိုယ့်အိမ်မှာ မွေးတဲ့ကြက်ပဲ သားရယ်၊ တွင်းတူးပြီးပဲ မြှုပ်လိုက်ပါ...။'

အဲဒီနေ့ညကျ၊ သားအဖတွေ အိမ်ခြံထဲ အရှေ့တောင်ထောင့်က ပိတောက် ပင်ကြီးအောက်မှာ ကြက်မကြီးကို မြေမြှုပ်သဂြိုဟ်ပေးခဲ့ကြတယ်။

နောက်တစ်နေ့ မနက်မှာ ကျန်ရစ်ခဲ့တဲ့ မိတဆိုးကြက်ကလေးနှစ်ကောင်ကို မိုးမိုးက သူ့သူငယ်ချင်းငုံးတွေမွေးနေတဲ့ အိမ်မှာသွားထားတယ်။ သူ့သူငယ်ချင်းက

The daughters expressed pity for the dead hen. By the light of a flashlight they examined the body for injuries, but could not find any. The head was discoloured, so he thought it might be snakebite. Snakes might live in the grass in a neighbourhood like theirs, even in a city. He wondered what do with the dead chicken. His son considers tossing the body into a ditch and giving it to the workers next door, but in the end they decided to bury her. Moe Moe took the chicks to a friend who raised quails.

10.a. Was Moe Moe with them when they found the dead hen?

10.b. What did Moe Moe expect the workers to do with the chicken?

10.c. What do you think မိတဆို: means? Do you know any related words?

၁၀ ကII ။ သူတို့ ရပ်ကွက်မှာ သစ်ပင် ပန်းပင်တွေ မရှိဘူး။ မှန်လား။

၁၀ ခII ။ ဒီစာရေးဆရာဟာ မြွေကိုက်တဲ့အကြောင်း ကောင်းကောင်းနားလည်သလား။

၁၀ ဂII ။ ကြက်မ ဘယ်နားမှာ သွားမြေမြှုပ်ခဲ့သလဲ။

ထိုကြက်ကလေးနှစ်ကောင်ကို ဥများနဲ့အတူ ရောထည့်ပြီး မွေးပေးခဲ့တယ်။ မနေ့က ယင်းကြက်နှစ်ကောင်ကို ပြန်ယူလာခဲ့တယ်။ မနေ့ကပဲ တစ်ကောင် ပျောက်ခဲ့တယ်။

မိုးမိုးလည်း ကျောင်းကို သွားနေချိန်၊ ကိုယ်ကလည်း အလုပ်မအားဖြစ်နေချိန်၊ ပထမတော့ ခြင်းတစ်ခုထဲ ထည့်ထားပြီး နောက် ခြင်းထဲမှ ထုတ်ပြီး ခြံထဲခဏ လွှတ်ထားခဲ့မိတယ်။ နှစ်နာရီကျော်တဲ့အထိ အဲဒီကြက်ကလေးတွေကို ခြံထဲ လွှတ်ထားမိကာ၊ သတိမေ့လျော့နေခဲ့မိတယ်။ ပြန်လည် သတိရတဲ့အချိန်မှာ တစ် ကောင်သာ ပြန်တွေ့ခဲ့ရတော့တယ်။ တစ်ကောင်တော့ ပျောက်ခဲ့တယ်။ အမွေး အတောင်အရိုးအစမှပင် မတွေ့လိုက်ရတော့ပါ။

ကနေ့ကျန်ရစ်ခဲ့တဲ့ ဒီတစ်ကောင်တည်း။

သူ့ခမျာက ကျေနပ်အားရရွှင်မြူးတဲ့ အသွင်ကလေးနဲ့ ခုန်ပေါက်ကာ ဆန်ကွဲ တွေကို ကောက်ယူစားနေတယ်။

အဖော်ကလည်း မရှိတော့ဘူး။ ကြက်ဖ ကြက်မများကလည်း သူ့ကို အနား ကပ်မခံ။ လူသာ အနီးအနား မရှိရင် အဲဒီ ကြက်ကလေးကို လိုက်ပြီးပင် ထိုး ဆိတ်မှု ပြုကြတာကို တွေ့ခဲ့ရတယ်။ အိမ်ရှေ့ရှိ ခုံတန်းလျား တစ်ခုမှာ ထိုင်ပြီး ကိုယ်စောင့်ပေးနေမိတယ်။

မနက်ခြောက်နာရီခွဲမှ ရှိလာခဲ့ပြီကြောင့်၊ ကိုယ်တို့ အိမ်ရှေ့ ခြံဝင်းပြင်ဘက် မှာ လမ်းပေါ်မှာ လူသွား လူလာရှိလာခဲ့ပြီ။

ကြက်ကလေးက အတန်ကြာမှဆန်ကွဲတွေကို သူ့နှုတ်သီးကလေးနဲ့ ပေါက်ပြီး ပေါက်ပြီး ကောက်စားနေရာမှ ဝသွားလား မသိ၊ အစားရပ်တော့ ကျလီ... ကျလီ...နဲ့ အော်ရင်း ကိုယ်ရှိရာ ဘက်ကို ခေါင်းကလေးလှည့်ပြီး မော်ကြည့် နေသေးတယ်။

ဒီအကောင်ကလေး ယဥ်ပါးလှပါကလားလို့ ကိုယ်တွေးနေမိစဉ်၊ သူက ကိုယ်ရှိရာကို ပြေးလာတယ်။

ကိုယ်က စမ်းသပ်တဲ့ သဘောနဲ့ ခုံက ထတော့ ခြံထဲမှာ ဟိုအနီးဒီဃယ်မှာ လျှောက်ကြည့်မိတယ်။ ကိုယ့်နောက်က သူလိုက်ပါလာတယ်။

The previous day, Moe Moe had gone to take the chicks back, and one of them had already disappeared without a trace while father and son were too busy to watch it as it was let outside. The narrator watches remaining chick eating, and observes that it will let people come near, but not chickens. He tests this by pacing back and forth near it, and it follows along.

11.a.   Where was Moe Moe when the chick disappeared?

11.b.   Why could the narrator not watch the chick?

11.c.   Did they find the feathers and bones?

၁၁ ကll ။ ကြက်တွေကို ဘာ ကျွေးသလဲ။

၁၁ ခll ။ အိမ်ရှေ့မှာ ဘယ်လိုခုံမျိုးရှိသလဲ။

၁၁ ဂll ။ ကြက်ကလေး ရှိုင်းလား၊ ယဉ်သလား။။

အိမ်ပေါ်ကို တစ်ဘက်အိမ်မကြီး ဘေးပေါက် အုတ်လှေကားထစ်ကလေးတွေက ကိုယ်ပြန်တက်လာခဲ့တယ်။

ကိုယ့်နောက်က လှေကားက ခုန်ပြီး ခုန်ပြီး တက်ရင်း သူလိုက်ပါလာတယ်။ အိမ်မကြီးဘက်က ညှို့ခန်းကိုဖြတ်ပြီး ကိုယ်တို့ မိသားစုနေရာ အဆောင် ရှေ့ခန်းကို ပြန်လာခဲ့တယ်။ စာကြည့်စားပွဲမှာ ပြန်ဝင်ထိုင်လိုက်တယ်။

ကိုယ်စားပွဲမှာ ထိုင်နေစဉ်၊ သူ့ဘာသာ လွတ်လွတ်လပ်လပ် ကိုယ်နဲ့ မနီး မဝေး တစ်နေရာမှာ အန္တရာယ်ကင်းကင်း နေပေစေတော့ သဘောထား လိုက်တယ်။

စားပွဲဘေးမှာရှိတဲ့ စာအုပ်စင်က မနေ့က စာကြည့်ခန်းဗီရို တစ်ခုထဲက ထုတ်ယူထားတဲ့ စာအုပ်ကို ကိုင်လိုက်မိပြန်တယ်။ စာအုပ်သုံးအုပ်လက်ထဲမှာ ပါလာတယ်။

အာရ်၊ ဘီ၊ ကက်စီးလ်ရဲ့ 'ဝတ္ထုရေးလိုသော်'၊ ပီတာ ဝက်စ်လင်းဒ်ရဲ့ 'စာပေကို ဂုဏ်တင် အကဲဖြတ်ခြင်း'နဲ့ မီရီယမ် အလောတ်ရဲ့ 'ဝတ္ထုရှည်နှင့်ပတ်သက်တဲ့ ဝတ္ထုဆရာများ၏ အမြင်'။

ထုံးစံအတိုင်း လှန်လှောပြီး ဖတ်ရှုနေမိပြန်တယ်။ ကြိုက်နှစ်သက်တဲ့၊ မှတ်သားထားသင့်တဲ့စာကြောင်းစာတန်းတွေ့ရင်၊ မှတ်စု စာအုပ်မှာ ရေးကူးမှတ်သားနေမိတယ်။

မနက် ခုနစ်နာရီ ထိုးလာခဲ့ပြီ။ အိမ်သားများလည်း တစ်ဦးပြီး တစ်ဦး အိပ်ရာတွေက နိုးထလာခဲ့ကြပြီ။ တစ်ဘက် အိမ်မကြီးအပေါ်ထပ်နဲ့ အောက်ထပ်များက စကားပြောသံများကို ကြားနေရပြီ။

တစ်ဘက်ခန်းက ညီမအကြီး မြင့်မြင့်နဲ့ သူ့သား ဖိုးကျော်တို့လည်း နိုးကြပြီ၊ ဖိုးကျော်ရဲ့ မပီကလာ ပီကလာ စကားပြောသံကိုပါ ကြားနေရတယ်။

မကြာခင် ကိုယ်တို့ အဆောင်အတွင်းအိပ်ခန်းက ကိုယ့်သားသမီးတွေ့ရဲ့ မိခင် မစံပယ်လည်း နိုးလာပြီး ကိုယ်ရှိနေတဲ့ အိမ်ရှေ့ခန်းကို ဖြတ်ပြီး တစ်ဘက်ခန်းကို ထွက်သွားတယ်။

The narrator goes back up the steps into the main house through the side door and through the house to sit at his desk again, with the chick following him and staying safely nearby. He takes some of the books he had taken out the day before, which he leafs through, taking notes. The household begins to stir.

12.a.　　What are the side-door steps made of?

12.b.　　Is more than one of his sisters younger than he is?

12.c.　　How can you tell that Pho Kyaw is a young child?

၁၂ ကII ။ စာရေးဆရာ စာအုပ်ဖတ်နေချိန်မှာ ကြက်ကလေး အန္တရာယ်ဖြစ်သလား။။

၁၂ ခII ။ သူ့တူ နာမည် ဘယ်လို ခေါ်သလဲ။

၁၂ ဂII ။ သူ့ဇနီး နာမည် ဘယ်လို ခေါ်သလဲ။

ကိုယ်တို့အိမ်မှာ... မိသားစုပေါင်း ငါးစု စုပေါင်းနေတဲ့ အိမ်ဖြစ်ပြီး ထမင်းဟင်းချက်တဲ့ မီးဖိုချောင်နဲ့ ရေချိုးခန်းတို့မှာ၊ ခေါင်းရင်းဘက်အိမ်မကြီးဘက်မှာ ရှိတယ်။

ကျလီ... ကျလီနဲ့ အသံအော်မြည်ကာ၊ စောစောက မနီးမဝေး အိမ်ရှေ့ခန်း သမ်တလင်းပေါ်တွင်ရှိနေတဲ့ ကြက်ကလေး ကိုယ့်စားပွဲအနီးက ကုလားထိုင်တစ်လုံးပေါ်ကို ခုန်ပျံတက်လာတယ်။

ဒီကောင်လေး မျိုးရိုးမှာ အပျံသန်တယ်။

ကုလားထိုင်ပေါ်ကို တောင်ပံကလေးတွေကို ခတ်ပြီး တစ်ချက်နဲ့ ခုန်တက်လာနိုင်တယ်။

အဲဒီကနေ တစ်ခါ ကုလားထိုင်ပေါ်က စားပွဲပေါ်ကိုတောင် ထပ်ဆင့်ပြီး ခုန်ပျံတက်လာပြန်သေးတယ်။

မျက်လုံး သေးသေးကလေးနဲ့ ကိုယ့်မျက်နှာကို သူတစ်ချက် လှမ်းမော်ပြီး ကြည့်နေပြန်သေးတယ်။ နှုတ်ကလည်း တိုးတိုးညင်သာတဲ့ အသံကလေးနဲ့ တပီပီ အော်နေပြန်သေးတယ်။

ကိုယ်လက်နဲ့ လှမ်းပြီး သူ့ကိုယ်ကလေးကို အသာဆုပ်ယူဖမ်းဆွဲလိုက်တယ်။

အလိုက်သင့်ပင် ကိုယ့်လက်ထဲမှာ သူပါလာတယ်။

ပေါင်ပေါ် အသာချထားပေးလိုက်တယ်။

ကိုယ့်လုံချည်ပုဆိုးခါးပုံ အကြားသို့ပင် သူတိုးဝင်ပုဝင်နေတယ်။

အတန်ကြာတဲ့အထိ အဲဒီနေရာမှာသာ ငြိမ်သက်ပြီး ဝပ်နေလေရဲ့။

ကိုယ်က အသင့်ဖတ်ရှုပြီး လှန်ထားတဲ့ စာအုပ်က စာမျက်နှာကို ပြန်ကိုင်ကြည့်ရှုလိုက်တယ်။

ထို့နောက်၊ မှတ်စုစာအုပ်မှာ ကူးလိုရာကို ဆက်ရေးကူးနေမိတယ်။

အဲဒါနဲ့ တဖန်၊ ခါးပုံစ အကြားက သူ့ကိုပြန်သတိရမိလို့ အသာငုံ့ကြည့်မိတယ်။

ကြက်ကလေးက အခု ဝပ်နေရာက ပြန်ထပြီး အပြင်ဘက်ကို ကြည့်နေတယ်။

The narrator describes his household in more detail. The chick flies up to a chair with a single flap of his wings, and from there to the desk. The writer gently catches it up and sets it on his lap.

13.a.   Where does the chick fly from the chair?

13.b.   Where does the chick hide itself?

13.c.   What is the opposite of ခုံကြည့်-?

၁၃ ကII ။ ကြက်ကလေး ကျယ်ကျယ်အော်သလား။။

၁၃ ခII ။ စာရေးဆရာ ကြက်ကလေးကို ဖမ်းလို့ ရသလား။။

၁၃ ဂII ။ ကြက်ကလေး ထွက်ပြေးသလား။။

သူ့ကိုယ်လုံးကလေးကို လက်နဲ့ အသာဖမ်း ဆုပ်မ ယူလိုက်ပြီးနောက်၊ ကိုယ်နေရာက ထလိုက်တယ်။ တစ်ဘက်ခန်းကို ထွက်လာခဲ့တယ်။

တစ်ဘက်ခန်း ဘေးပေါက်ကနေ ခြံထဲကို ဆင်းလာခဲ့တယ်။ ကိုယ်လက်တစ်ဖက်ထဲမှာ ကြက်ကလေးကို အသာဆုပ်ဖမ်းပြီး ယူလာတယ်။ သူငြိမ်ငြိမ်သက်သက်နဲ့ပင် ကိုယ့်လက်ထဲ လိုက်ပါလာခဲ့တယ်။

ညီမအငယ် မိအေးနဲ့ သူ့သားကြီး လေးနှစ်သားကိုထွဋ်... အခါလည်သမီး ဆုဝေတို့လည်း နိုးနေကြလေပြီ။

သားအမိ သုံးယောက်ကို ခရေပင်အောက် ခုံတန်းလျားမှာ တွေ့နေရတယ်။ ကြက်ကလေးကို မြေပေါ် အသာ ချပေးလိုက်တယ်။

သူအပြေးအလွှား ပျော်ပျော်ရွှင်ရွှင် မြူးမြူးထူးထူး ပြေးထွက်သွားတယ်။ မြေပေါ်က တွေ့ရာအစအနကလေးတွေကို နှုတ်သီးကလေးနဲ့ လိုက်ပေါက် ကောက်စားရင်း ဆော့ကစားနေပုံရတယ်။

စာကလေးများအတွက် ကြဲချပေးထားတဲ့ ဆန်ကွဲစကလေးများကို တွေ့သွားပြန်လေရာ၊ အဲဒီအနားမြေပြင်က သူမခွာတော့ဘူး။

ညီမအကြီး၏ သားငယ် ခြောက်နှစ်သား ဖိုးကျော်နဲ့ သူ့အမဆင်ဆင်တို့လည်း ဘေးပေါက် လှေကားမှာထိုင်ပြီး ကြက်ကလေးကို လှမ်းကြည့်နေကြတယ်။

ကနေ့... စနေနေ့မို့လို့ ကျောင်းတွေပိတ်ထားတော့ အိမ်မှာကလေးကြီးငယ် လူစုံရှိနေကြတယ်။

ကလေးတွေက ဝိုင်းကြည့်ပေးနေကြတော့ ကိုယ်လည်း ကြက်ကလေးကို ခြံထဲမှာပင် ထားရစ်ခဲ့ပြီး အိမ်ပေါ်ကို ပြန်တက်လာခဲ့တယ်။

စာကြည့်စာပွဲရှိရာကို ပြန်လာခဲ့တယ်။

စောစောက ကူးလက်စ စာကို ဆက်ရေးကူးနေမိတယ်။

'...ဝတ္ထုများထဲမှ စရိုက်အပြင်းဆုံးဇာတ်ကောင်များမှာ တကယ့် လူ့ဘဝထဲမှ ဆွဲထုတ်ယူထားခြင်းဖြစ်ကြောင်း၊ ကျွန်ုပ်တို့ သိနားလည်ခဲ့ကြပြီးဖြစ်သည်။ အိုင်နာကရိန်းနားမှ ဇာတ်ကောင်ကစ်တီသည် တော်စရှိုင်း၏ ဇနီးမယားဖြစ်၏။ ဝစ်သားရင်ဂိုက် ဝတ္ထုကြီးထဲမှ ဇာတ်ကောင်ဟိသိကလစ်ဖကို ဖန်ဆင်းရန်အတွက်၊ စာရေးဆရာမအီမီလီ ဘရွန်တီသည် သူ့မောင်တော်သူ

The writer gently lifts the chick and goes back outside with it, where he sets it down in the garden, where some family members are. The chick runs around happily, pecking at things as family look on. As school is closed, all the children are at home. He goes back into the house.

14.a. How do you say 'mother and children'? What was 'father and son(s)'?

14.b. What place does the chick stay near?

14.c. Why does the narrator go back inside?

၁၄ ကII II ဆန်ကွဲ ဘာကြောင့် ကြဲချကြသလဲ။

၁၄ ခII II ဒီနေ့ ဘာနေ့လဲ။

၁၄ ဂII II မနက် စောစောက ကူးချင်တဲ့စာ ကူးပြီးပြီလား။

ဘရဲင်းဝဲလ်၏ စရိုက်ကိုယူသည်။ ဖလော်ဘဲသည်လည်း မဒမ်ဘိုဗာရီ ဟူသော ရုပ်ပုံလွှာအတွက်၊ သူမယားငယ် လွီကိုလေးကို စံပြပုံစံ အဖြစ်အသုံးပြုခဲ့သည်။ ... ...'

'အား... ဟိုမှာ... ဟိုမှာ... ဟိုမှာ...'

စူးစူးဝါးဝါး အော်ဟစ်လိုက်တဲ့ ကလေးငယ်ရဲ့အသံ။

ခြောက်နှစ်သား ဖိုးကျော်က မပီကလာ ပီကလာဖြင့် သံကုန် ဟစ်အော်ပြီး ကိုယ့်ဘက်ကို ပြေးလာလေတယ်။

ကိုယ်လည်း နေရာက ချက်ချင်း လှည့်ကြည့်ပြီး ထရပ်မိတယ်။

ဒီကောင် ဒီလိုပဲ။ တစ်ခါတစ်ရံ ဘာမှန်းမသိ၊ အော်ဟစ်ပြီး ပြေးဆော့ကစား တတ်တယ်။

ဒါပေမဲ့...

ဒီတစ်ခါမှာ ဖိုးကျော်ရဲ့ မျက်နှာက တစုံတခု အရေးကြီးတဲ့ အဓိပ္ပာယ်ကို သယ်ဆောင်ယူပါလာတယ်။ ပြူးပြူးပြဲပြဲနဲ့ ထိတ်ထိတ်ပျာပျာ ဖြစ်တယ်။

'ဘာဖြစ်လို့လဲ...သား၊ ဖိုးကျော်...။'

သူ ကိုယ့်လက်ကို အတင်းလှမ်းပြီး ဆွဲတယ်။ သူ့ရှိသလောက် အင်အား ကလေးကို သုံးပြီး ကိုယ့်ကို ဆွဲခေါ်နေတယ်။ ကလေးရဲ့ လက်ကလေးတွေက တုန်နေရှာပြီ။ သူ့ကိုယ်လုံးကလေး တခုလုံးလည်း လှုပ်ခါနေတယ်။

'အကောင်... အကောင်... ဟိုကောင်ကြီး.... ဟိုကောင်ကြီး...'

'ဘာဖြစ်လို့လဲ ဖိုးကျော်။'

သူ ပြောပြနေရာတာကို ကိုယ်လည်း ရုတ်တရက် နားမလည်နိုင်လို့ သူဆွဲ ခေါ်ရာကိုသာ နေရာကထပြီး လိုက်ပါလာခဲ့တယ်။

အိမ်မကြီး ညှေ့ခန်းဘက်သို့ ရောက်လာတာနဲ့ ကိုယ့်သမီးအငယ် ယမင်းက ခြံထဲက ပြေးတက်လာတယ်။

'ကြက်ကလေး ပါသွားပြီ...ဖေဖေ ကြက်ကလေး...။'

'ဟေ...။'

ဖိုးကျော်ရဲ့အမ ဆင်ဆင်က ခြံနောက်ဘက်က ပြေးထွက်လာပြန်တယ်။

30

The narrator is copying out a passage from a book when he hears shouting and his distressed nephew runs in, grabs his hand, and leads him out, where he finds out that the chick has been carried away.

15.a.   Who shouts at the top of his lungs?

15.b.   Does the narrator immediately understand the boy?

15.c.   Who tells the writer what happened?

၁၅ ကll ။ စာရေးဆရာရဲ့ တူ ဘာကြောင့် တစ်ခါတစ်ရံ အော်ဟစ်သလဲ။

၁၅ ခll ။ ကလေးက ရှိသလောက်အင်အားကို ဘယ်လို သုံးသလဲ။

၁၅ ဂll ။ ဖိုးကျော်နဲ့ ဆင်ဆင်တို့ ဘယ်လို တော်သလဲ။

'သမီးလိုက်တာ မရတော့ဘူး၊ ဖိုးကျော်က စတွေ့တာ... သူထအော်လို့... လှမ်းကြည့်တော့ မြန်လိုက်တာ...၊ ဟိုကြောင်အဖြူဝဝကြီး... ကြောင်စုန်း...'

အိမ်ပေါ်က ခြံထဲကို ကိုယ်ဆင်းလာခဲ့တယ်။

အိမ်ဘေးနောက်ဘက်ကို ကိုယ် ထွက်လာခဲ့တယ်။

အိမ်နောက်ဘက် ရေဘုံဘိုင် ဘေးမှာ မစံပယ်ကို မတ်တတ်ရပ်နေသား တွေ့ရတယ်။ ထမင်းအိုးကို လက်နှစ်ဘက်နဲ့ မ ကိုင်ထားရင်း။

'တွေ့လိုက်သားပဲ... ဟောဟို ကားဂိုဒေါင် အမိုးပေါ်ကို တက်သွားတာ...'

'ကြက်ကလေး ပါသွားတယ်ဆို...'

'ပါးစပ်မှာ ငုံပါသွားတာပဲ၊ လှုပ်လှုပ် လှုပ်လှုပ်နဲ့'

'နင်ကဟယ်... လှမ်းမခြောက်လိုက်ဘူးလား။'

'သိပ်မြန်တာ... လှမ်းအော်တာပဲ၊ မရဘူး...၊ ကြက်ကလေးကလဲ တလှုပ်လှုပ်နဲ့ မသေသေးဘူး၊ ပါးစပ်ထဲ ငုံကိုက်ယူသွားတာ... အသာကလေး ပါသွားတာပဲ။'

ကိုယ်စိတ်ပျက်ပြီး အဲဒီနေရာက အိမ်ရှေ့ဘက်ကို ပြန်ထွက်လာခဲ့တယ်။

သစ်ပင်အောက်က ခုံမှာ လာထိုင်နေမိတယ်။

'စောစောက ကလေးတွေက သူ့အနားသွားတာတောင်... ထွက်မပြေးဘူး၊ ဖိုးကျော်က ယူကိုင်တော့လည်း လက်ထဲ အသာလေး ပါလာတာပဲ၊ သိပ်ယဉ်တဲ့ အကောင်ကလေး...၊ ဟိုက... ကြောင်က... ခုတ်ဖို့ အနားလာတာ၊ သူက ထွက်မပြေးလို့ပဲ ဖြစ်မှာပေါ့။'

ကိုယ့်ညီမ မိအေးက လှမ်းပြောနေတယ်။

'ကြောင်က ငုံပြီး ချီသွားတာ၊ သူက လူတွေ သူ့ကို လက်နဲ့ ဖမ်းပြီး ယူကိုင် သလို ထင်ပြီး အသာကလေး ပါသွားတာလား မသိတာ။'

အနီး ရောက်လာတဲ့ ကိုယ့်သမီးအကြီး ဝင်မင်းက ပြောတယ်။

ကိုယ်အိမ်ပေါ်ကို ပြန်တက်လာခဲ့တယ်။

စာကြည့်စားပွဲကို ပြန်လာခဲ့တယ်။

စားပွဲက ကုလားထိုင်မှာ အသာပြန်ဝင်ထိုင်တယ်။

ရှေ့တည့်တည့်ရှိတဲ့ ပြတင်းပေါက်ကနေ သုတ်ဖြူးတိုက်ခတ်ပြီး ဝင်ရောက် လာတဲ့ မြောက်ပြန်လေအေးမြသန့်ရှင်းလတ်ဆတ်တယ်။

The narrator's daughter explains that she chased the 'witch cat' but could not catch it. The narrator hurries around the back of the house, where he finds Ma Zabè. She had seen the cat carry off the still-moving chick over the garage roof.

16.a.   What does the cat look like?

16.b.   Where do they get their water from?

16.c.   How do you say 'hold in the mouth'? 'Carry in the mouth'?

၁၆ က။ ။ မစပယ် အိမ်နောက်ဘက်မှာ ဘာပြင်ဆင်နေသလဲ။

၁၆ ခ။ ။ ကြောင်က ကြက်ကလေးခုတ်တာ ဘယ်သူ စတွေ့သလဲ။

၁၆ ဂ။ ။ ပြတင်းပေါက် ပိတ်ထားသလား။

လေကို နလုံးသားထဲအထိ ရောက်အောင် တဝကြီး အားရပါးရ ရှူရှိုက်သွင်းလိုက်မိတယ်။

အသည်းဘဝင်နလုံးထဲမှာ အေးမြလန်းဆန်းသွားတယ်ကတော့ အမှန်ပါပဲ။

ဒါပေမဲ့... ရင်ထဲမှာ တမျိုးကြီး ခံစားနေရတယ်ကိုတော့ ကိုယ့်ဘာသာကိုယ် သိတယ်။

ဆိုနှင့်နှင့်... တစ်ဆို့ဆို့ကြီးလို...။

ကိုယ်တစုံတခု တွေးတော စဉ်းစားလိုက်မိပြန်တယ်။

မိမိ လက်သဉ်းကလေး တစ်ချောင်းကို ပါးစပ်ထဲမှာ ထည့်ပြီး သွားနဲ့ ခပ်ဆတ်ဆတ်ကလေး ကိုက်ကြည့်မိတယ်။

အခံရခက်ပြီးနောက်... စူးစူးရှရှ နာကျင်ခြင်း။

ကိုယ် စဉ်းစားနေမိတယ်။

တဖဲ့ချင်း... တဖဲ့ချင်း... အရင်လတ်လတ် ကိုက်စားခံရခြင်း။

အရင်လတ်လတ်...။

သာယာ လှပတဲ့ ဆောင်း မနက်ခင်းတခုမှာ တဖဲ့ချင်း... တဖဲ့ချင်း... မသေ မချင်း...တကွက်ကွက် မြည်အောင် ကိုက်စားခံရခြင်း။

The narrator breathes deeply and feels the cool fresh air deep in his soul, but he also knows that he feels strange, choked up. He thought, then bit down on his own finger until it was painful.

17.a.   Which of his fingers did he bite?

17.b.   How did he feel before he bit his finger?

၁၇ ကII II လက်ချောင်းကို ကိုက်တော့ ဘယ်လိုခံစားရလဲII

၁၇ ခII   II သူဘာကို စဉ်းစားနေတာလဲII

PART II

အပိုင်း (၂)

မောင်ဆွေတင့်၏

အေးမြသာယာသော ဆောင်းနံနက်ခင်း၌ ကိုက်စားခံရခြင်း

Being Eaten Alive
on a Cool, Pleasant
Winter's Morning

By Maung Swe Tint

(Original story, with annotation and translation)

မောင်ဆွေတင့်၏

အေးမြ[1] သာယာသောဆောင်းနံနက်ခင်း၌ ကိုက်စားခံရခြင်း

နံနက် သုံးနာရီခန့်ကပင် အိပ်ရာမှ နိုးခဲ့၏။

ထုံးစံအတိုင်း အိပ်ခန်းထဲမှ ထွက်ပြီး၊ မျက်နှာသစ်ရန်အတွက်၊ တဘက်ခန်းကို ဖြတ်၍၊ အိမ်မကြီးဘက်တွင်ရှိသော နောက်ဖေးခန်းသို့ ဝင်ခဲ့၏။

မျက်နှာသစ်၊ သွားတိုက်၊ မျက်နှာသုတ်ပြီး၊ အသင့်လက်ထဲပါလာသော ဆေးပေါ့လိပ်ကို မီးညှိ၍ အိမ်သာသို့တက်၏။

အိမ်သာမှ ပြန်ဆင်းလာခဲ့ပြီးနောက်၊ အိမ်ရှေ့ခန်းဘက်သို့ အိမ်မကြီးဘက်မှ ဖြတ်ကာ ပြန်လာခဲ့သည်။

အိမ်ရှေ့ခန်း၌ပင်၊ ကိုယ့်စာကြည့်စားရေးစားပွဲသည်ရှိ၏။

စာကြည့်စားပွဲတဘက်စွန်းမှ မီးချောင်းခလုတ်ကို ဖွင့်လိုက်မိ[2] သည်။

ထိုနောက်၊ ညဦးကတည်းက အသင့်ရေစစ်၍ ထည့်ထားပြီးဖြစ်သော ရေနွေး အိုးကို စာအုပ်ဗီရိုကြီးပေါ်မှ လှမ်း[3] ယူလိုက်သည်။ စာကြည့်စားပွဲတဘက်စွန်းရှိ စကျင်ကျောက်[4] ဖြင့် ပြုထားသော ဆေးလိပ်ပြာခွက်ပေါ်တင်၏။ ကရားအဖုံးကို ဖွင့်သည်။ ရေနွေးတည်သည့် လျှပ်စစ်ဂေါက်တံ[5] ကို စိုက်ထိုးကာ၊ နံရံတွင်ရှိသော လျှပ်စစ်မီးပလပ်ပေါက်၌ ပလပ်ကိုသွင်း၏။

ထုံးစံအတိုင်း.....။

နေ့စဉ်၊ နံနက်တိုင်းပြုလုပ်နေကျစမြဲ။

ခဏတ္တမျှ အိမ်ရှေ့ခန်း၌ပင် ခေါက်တုံ့ခေါက်ပြန်လျှောက်နေမိသည်။

အိမ်မကြီးခေါင်းရင်း တဘက်ရှိခြံထဲ... ခရေပင်မှ၊ ကြက်ဖ၏ တွန်သံကို တချက်မျှကြားရသည်။

တိုင်ကပ်နာရီကို လှမ်းကြည့်မိ၏။

သုံးနာရီခွဲပြီ။

နံနက်ပိုင်းဆိုလျှင်၊ သည်အချိန်လောက်မှစ၍...၊ နာရီဝက်တကြိမ်မျှ ကြက်ဖ

Maung Swe Tint

Being Eaten Alive on a Cool, Pleasant Winter's Morning

I got up at about three in the morning.

As usual, I went out of the bedroom, crossed the next room and went into the bathroom at the back of the main house to wash my face.

I washed my face, brushed my teeth, dried my face, lit the cheroot I had in my hand and stepped into the the toilet.

Coming back out of the toilet, I cross back through the main house to reach the room at the front.

My desk is in the front room.

I flip the light switch at one end of my desk.

I then reach down the kettle, which I had already filled with filtered water the previous evening, from the tall glassed-in bookshelves. I place it on the marble ashtray at the edge of the desk. I open the kettle's lid. I place the electric immersion coil in the water and plug it into the electrical outlet.

As usual....

Every day, every morning, I do just the same.

I pace back and forth in the front room for a minute.

I hear a cock crow once from the starflower tree in the front garden.

I glance at the clock on the wall.

It is 3:30.

From this time in the morning I hear the cock crow every half hour.

---

[1] မြ is post-verb suffixed to some verbs to intensify their effect. It is found frequently in ချမ်:မြ– as well, and in a few other places.

[2] adding လိုက်မိ to the verb indicates that it is done automatically, without thinking, thus 'flip' instead of 'turn on' the switch.

[3] လှမ်း:V indicates that the action takes place over a distance.

[4] စကျင်ကျောက် a kind of fine white stone, often used in carving

[5] ရေကပ်တံ an electric water-heating coil that can be used in any container

တွန်သံကို ကြားရစမြဲပင်။
အိမ်ရှေ့ခန်းမှ ပြတင်း:[1] များကို ဖွင့်လိုက်သည်။
အေးမြသန့်စင်သော လေသည် သုတ်ဖြူး:[2] တိုက်ခတ်ဝင်ရောက်လာ၏။
ပြတင်းပေါက်အနီ၌ သွားရပ်နေမိပြန်သည်။
လေကို တဝကြီးရှူရှိုက်လိုက်မိပြန်၏။
အသည်းနှလုံးဘဝင်[3] ထဲ၌ အေးမြသန့်စင်လန်းဆတ်၍ သွားသည်။
ဘဝမှာ လူလာဖြစ်ရတာ၊ တစ်ခါတစ်ရံ ရရှိသည် သည်လို အရသာကလေး များသာလျှင်၊ ဘဝရဲ့ သုခချမ်းသာဖြစ်မှာပဲ.... ဟုလည်း တွေးမိ၏။
ဤလောကအတွင်းသို့ ဝေဒနာများစွာတို့ကို နာကျင်ခံစားရန်အတွက် လူ အဖြစ်နှင့် ရောက်ရှိလာခဲ့ရသည်ဟူသော တရားကိုပင် တဒင်္ဂပဟာနအားဖြင့် မေ့ပျောက်သွားမိသည်။
အရှေ့တခွင်တပြင်[4] တွင် ရောင်နီမျှပင် မသမ်း[5] သေး။
ကောင်းကင်သည် မည်းမှောင်နေဆဲရှိကာ၊ မှိတ်တုတ်မှိတ်တုတ်[6] ကြယ်ပွင့်[7] ကလေးများအကြား၊ အရှေ့တောင်ဘက် ယွန်းယွန်း[8] ကောင်းကင်မှ မိုးသောက်[9] ကြယ်ကို လှမ်းမြင်နေရသည်။
မိုးသောက်ကြယ်၊ သို့မဟုတ်... ကြယ်နီဆိုလား...။ ဒါမှမဟုတ်... သောကြာ ကြယ်၊ အို...ဗီးနပ်စ်။
ရေနွေးအိုးမှ ပွက်သံကို လှမ်းကြားလိုက်ရ၏။
တချက်မျှ လှည့်ကြည့်လိုက်မိသည်။ နေပေါ်စဉ်ဦး။ ရေနွေးဆိုသည် ကျို့သား ကျမှ ပိုကောင်းမည် မဟုတ်ပါလား။
ကိုယ်တို့ မိသားစုနေရာ ဆောင်ခန်းဘက်မှ... နောက်ဖေးခန်းသို့ ဝင်လာခဲ့ မိသည်။
နောက်ဖေးခန်းတွင်ရှိသော ကြောင်အိမ်ကို ဖွင့်၏။
အသင့် ဆေးကြောထားပြီးသား ကြွေမတ်ခွက်ကို ယူထုတ်သည်။
ထိုခွက်တွင် ကော်ဖီမှုန့်ကို လက်ဖက်ရည်ဇွန်းသေးနှစ်ဇွန်းပြည့်ပြည့်ထည့်၏။
သကြားပုလင်းကို ပါယူသည်။
နို့ဆီပုလင်းကို ယူထုတ်သည်။

I open the windows of the room at the front of the house.

A breeze brings in cool, clean air.

I stand near the window again.

I breathe my fill of the air in deep breaths.

My mind grows cool, fresh, clear.

I think, pleasures like this are the joys of life for those of us who happen to be born human....

I forget for a moment the law that in this world, suffering and pain comes with being born human.

There is still no sign of dawn in the east.

Among the shimmering stars, a little off to the east in the southern sky I catch sight of the dawn star.

The dawn star, also... the red star? Or... the morning star, ah, Venus.

I hear the water boiling in the kettle.

I glance at it, and let it be. Oolong tea is better when it has been boiled, after all.

I wander into the back area where my family's rooms are.

I open the cupboard there.

I take out the ceramic mug which I had already washed.

I put two heaped teaspoons of coffee into the mug.

I take the sugar jar, too.

I take out the condensed milk jar.

---

[1] *window;* ပြတင်းပေါက် is more common

[2] သုတ်- and ဖြူ:- can also be used separately for a breeze blowing gently.

[3] Like အသည်း and နှလုံး၊ ဘဝင် also mean 'heart, mind'.

[4] *area*

[5] reformed spelling သန့်:- *be tinted with*

[6] flashing, blinking, flickering

[7] Stars are counted with ပွင့်; including the stars that indicate rank.

[8] *in the general direction, a little to the (direction);* စူးစူး is the contrasting term: အနောက်စူးစူး *due west*

[9] မိုးသောက် dawn (N and V); သောကြာနေ့ is Friday.

ပြီး... အိမ်ရှေ့ခန်းသို့ ပြန်ထွက်လာခဲ့၏။

နံရံပလပ်ပေါက်မှ ခလုတ်ကိုပိတ်၍၊ ရေနွေးဂေါက်တံပလပ်ကို ဖြုတ်သည်။ ရေနွေးအိုးကရာမှ ဂေါက်တံကို နုတ်လိုက်ပြီး၊ ကရားဖုံးကိုပိတ်ကာ အိုးကို ကိုင်းမှ ကောက်ယူကိုင်လိုက်သည်။

စာကြည့်စားပွဲပေါ် ခွ၍ပင် ကော်ဖီဖျော်[1]သည်။

ပြီး၊ ရေနွေးကြမ်းဓာတ်ဘူးထဲသို့ ရေနွေးကိုထည့်၊ လက်ဖက်ခြောက်ခတ်။ ပြီး...၊ သိမ်းစည်းစရာ ဂေါက်တံ၊ သကြားပုလင်း၊ နို့ဆီပုလင်းတို့ကို သူ့နေရာများတွင် သူပြန်ထားကာ သိမ်းဆည်းလိုက်သည်။

ကော်ဖီ အဆင်သင့်။ ရေနွေးကြမ်း အဆင်သင့်။

ထုံးစံအတိုင်း အခါတိုင်း[2] နံနက်များကကဲ့သို့ပင်... စာကြည့်စားပွဲ၌ ကိုယ်ဝင်ထိုင်သည်။

ကြက်ဖတွန်သံကို ကြားရပြန်၏။

နံနက် လေးနာရီ ထိုးလေပြီ။

စားပွဲဘေးရှိ စာအုပ်စင်ငယ်မှ စာအုပ်တအုပ်ကို လှမ်းယူကိုင်တွယ်လိုက်သည်။

ပြီး...၊ ဖွင့်ဖတ်မိသည်။

စားပွဲအံဆွဲတခုကို ဖွင့်၍အထဲမှ မှတ်စုစာအုပ်တအုပ်ကို ထုတ်သည်။ ကူးယူချင်သော စာကြောင်းများကို ကူးယူမှတ်သားနေမိ၏။

'ဝတ္ထုရှည်များထဲ၌ ဘယ်တော့မှ တွေ့သိနိုင်ခြင်းမရှိသော ဇာတ်ကောင်[3] စရိုက်[4]များကို သင်[5]သည် ဝတ္ထုတိုကလေးများထဲတွင် တွေ့သိနိုင်ပေလိမ့်မည်'

ကော်ဖီကို တကျိုက်မျှ သောက်ချလိုက်မိ၏။

ဆေးလိပ်ကို အရှိုက်မျှ ရှူဖွာလိုက်မိသည်။

စိတ်အလျင်သန္တတိ[6]၍ တဒင်္ဂပဟာန်[7]ငြိမ်းအေးမှုရနေသည်ကား အမှန်ဖြစ်၏။

Then I go back to the room at the front of the house.

I switch off the wall outlet and pull out the plug of the immersion coil. I remove the coil from the kettle, and, closing the lid of the kettle, pick it up by the handle.

I even brew my coffee on my desk.

I then pour the hot water in the vacuum flask and put in some tea. Then I gather up the things that need to be put away — the immersion coil, the sugar, and the condensed milk — and put them back in their places.

The coffee is ready, the tea is ready.

As usual, like every morning, I sit at my desk.

I hear the cock's crow again.

It is four in the morning.

I reach over to take a book from the small shelves at the edge of the desk.

I then open the book and read a little.

I open a desk drawer and take out a notebook.

I copy out some lines that I want.

'You will find characters in short stories who you would never find in a novel.'

I take a drink of the coffee.

I puff at my cheroot.

A fleeting burst of true peace in the stream of consciousness.

---

[1] 'To brew' coffee or black tea, and to make juice is the same word

[2] *as usual, as always* the author echoes the phrases for emphasis

[3] *character* in a movie, play, story, etc

[4] *character, characteristics, habits*

[5] *you* (used commonly in writing, especially in translations and announcements)

[6] Reformed spelling စိတ်အလျဉ် *stream of consciousness;* သန္တတိ is the same in Pali

[7] *fleeting moment*

ကိုယ်ချစ်သောစာကို ၎င်းလိုကာလ၊ ၎င်းလိုအချိန်မျိုးတွင် အနောင့်အယှက် ကင်းမဲ့စွာဖြင့် တကိုယ်တည်း တယောက်တည်း တွေ့ထိရင်းနှီးနိုင်ခွင့်ရနေခြင်း ကိုပင် ကျေနပ်နှစ်သိမ့်[1] နေမိ၏။

တအိမ်လုံးကား၊ အိပ်မော[2] ကျရှ ကောင်းနေဆဲဖြစ်သည်။

အတွင်းအိပ်ခန်း၌၊ သမီးငယ်နှစ်ယောက်သည်သူတို့ အမေနှင့်အတူ အိပ်စက် နေကြ၏။ နောက်ဘက်က အခန်းတွင် သားအလတ်ကောင်၊ တဘက်အိမ်မကြီး အပေါ်ထပ်တွင်မူ သားအကြီးကောင်သည် သူ့အဘွား၊ အဒေါ်များနှင့်အတူ သွား အိပ်သည်။ သူ့ကို ခုတင်တလုံးသပ်သပ်[3] ဟိုက ပေးထားကြ၏။

စာရေးစားပွဲမှ ခေတ္တထကာ၊ အညောင်းဆန့်ပြီး....၊ အိမ်ရှေ့ခန်း၌ပင် ခေါက်တုံ့ ခေါက်ပြန်[4] လမ်းလျှောက်နေမိပြန်၏။

နေ့စဉ် နံနက်စောစီးထသော အကျင့်ကို ရခဲ့သည်မှာ ကြာပြီဖြစ်သည်။

ကျောင်းသား ဘဝကော...။

သည်လိုပဲ နံနက်စောစီးတွင်ထရှ စာများစွာတို့ကို ကျက်မှတ်ခဲ့ရသည်။

ဒါပေမယ့်၊ အဲ့သည်တုန်းက နံနက်စောစီးထသောအကျင့်မှာ သိပ်မမွန်။ ညဉ့်[5] နက်အောင် စာကျက်ပြီး နံနက်ပိုင်းမှ ပြန်အိပ်စက်သော နေ့များစွာ ရှိခဲ့သည်။

အထူးသဖြင့်၊ ယခုလို နံနက်စောစီး အထမှန်ခဲ့သည်မှာ သည်ဘက်နှစ်ပိုင်း များတွင်ဖြစ်သည်။

သမီးအထွေးဆုံးမှလွဲ၍[6] အကြီး သုံးယောက် အတန်းကြီး[7] လာသဖြင့်၊ မနက် ခုနစ်နာရီအမီ ကျောင်းတက်ရသည့် အချိန်များမှ စတင်ခဲ့သည်။

အဲ့သည်အချိန်တွေ့မှုစ၍၊ ညပိုင်းတွင် စောစီးအိပ်စက်ကာ နံနက်သုံးနာရီ လေးနာရီလောက် နိုးထရှ ကိုယ်ပြုကျင့်မဲ့ စာရေးစာဖတ် အလုပ်တို့ကို လုပ်ကိုင်ခဲ့ခြင်းလည်းဖြစ်၏။

လမ်းလျှောက်နေမိရာမှ၊ ကိုယ်တို့အဆောင်၏ နောက်ဖေးခန်းဘက်သို့ ခေတ္တ ဝင်လာခဲ့မိပြန်သည်။

44

I am glad to have this kind of undisturbed solo time to spend with the literature I love.

The whole house is fast asleep, all is well.

My two daughters are asleep in the inner bedroom with their mother. In the back room is my middle son, and over in the main house, my eldest son sleeps upstairs with his grandmother and aunt — they let him have his own bed.

I get up from my desk and stretch, pace back and forth in the front room.

I got into the habit of getting up early long ago.

In my student days….

I got up early just like this, and studied a lot.

But not so consistently back then, as sometimes I studied late into the night, and many mornings went back to bed.

It is in these later years that I rise early.

It started when my three older daughters had to be at their school by seven o'clock.

That is when I started the habit of going to bed early and always getting up at three or four o'clock in the morning to get my work reading and writing done.

Drifting around, I end up back in our part of the house, and go in for a moment.

---

[1] ကျေနပ်- *satisfied* နှစ်သိမ့်- *pleased*

[2] မော is added to some verbs as an intensifier, especially ရယ်မော– *laugh*

[3] reformed spelling သတ်သတ် *apart, separately*

[4] ခေါက်တုံ့ခေါက်ပြန် *pacing back and forth*

[5] *night*

[6] N မှလွဲ၍ or မှလွဲလျှင် (colloquial N ကလွဲလို့၊ N ကလွဲရင်) *except for, excepting, apart from*

[7] *higher year (in school), higher standard, higher grade*

သားအလတ်ကောင်၏ အိပ်ခန်းတံခါးနှင့် ကပ်လျက် တနေရာမှ...၊ ကျလိ[1]... ကျလိနှင့်... ကြက်ပေါက်စ[2]ကလေး၏ အသံကို ကြားရသည်။

အော်...။

တကောင်တည်း... အဖော်ကွဲ[3]... ကြက်ပေါက်စကလေး။

ညနေက သားအလတ်ကောင်ကို သည်ကြက်ကလေး... ကမာရွတ်[4]ရှိ သူ့ ဦးလေးအယ်ထံ လှူကြ[5]နှင့် ပို့ပေးရန် ပြောခဲ့သော်လည်း၊ မပို့ဖြစ်သေး။

မနေ့က တကောင်ပျောက်သွားခဲ့၏။ ခွေးဆွဲသလား၊ ကျီးသုတ်[6]သလား၊ လူ ဖမ်းသလား... မသိခဲ့ရ။

ကြောင်ပဲ ခုတ်[7]သွားသလား။

အိမ်က မေမေ မွေးထားသော ကြောင်တွေထဲကတော့ ဟုတ်ဟန်[8]မတူ။ အိမ်က ကြောင်တွေသည် ယဉ်ကျေး[9]၏။

ဟို... ကျားကြီး၊ ကျားလေးဆိုသည့်ကြောင်နှစ်ကောင်မှာ နာမည်နှင့် မလိုက် အောင်ပင် သိမ်မွေ့[10]ကြ၏။

နှစ်ကောင်စလုံး အထီး[11]များဖြစ်ကြသော်လည်း၊ အိမ်ပေါ်ထပ်မှပင် အောက်သို့ ဆင်းခဲ့[12]ဘိခြင်း။[13]

ဖြူ၀င်းဆိုသည့်ကြောင်ကတော့ အိမ်အောက်ထပ်... အိမ်မကြီးဘက်တွင် နေ

When I near my middle son's bedroom, from somewhere I hear *cheep... cheep...* I hear the voice of a chick.

Aw....

The lonely chick, without its companion.

In the afternoon, my son had said he would send it to to his uncle in Kamayut with someone who was going there, but had not got around to it yet.

One disappeared yesterday. Was it carried off by a dog? Snatched by a crow? Caught by someone?

Hunted by a cat?

It is not likely to have been my mother's house cats. They are tame.

Big Tiger and Little Tiger are much gentler than their names.

Even though both of them are tomcats, they hardly even ever come downstairs.

The cat called Phyu Win lives downstairs in the main house. Though it

---

[1] *peep*, the sound of the chick's cheeping

[2] ပေါက်– *to hatch* ပေါက်စ is also a term also used affectionately for small children

[3] ကွဲ means *be different, have fallen apart, be dispersed* but it can also be used following a noun to indicate one who has separated, e.g., လင်ကွဲ *divorced woman* မယားကွဲ *divorced man*

[4] a Yangon neighbourhood

[5] someone who is going to or coming from a place, who can deliver something

[6] သုတ်– is used only for birds of prey diving and catching prey

[7] slash or strike with a sharp motion

[8] the appearance of being true

[9] more common as *polite* but also meaning *tame*

[10] *be dainty, be gentle, be delicate*

[11] male of a species, e.g., ကျား:ထီး *tiger* ကျား:မ *tigress*; for some species ဖို: or ဝ is preferred

[12] suffix to a verb to indicate that something happens rarely or never

[13] suffix for emphasis of something remarkable, here because one would expect male cats to prowl around the garden, but these stay quietly upstairs

တတ်သည်။ ဒါပေမယ့် ဖျူဝင်းကလည်း အိမ်မွေးတိရစ္ဆာန်ချင်း[1] တူတူ၊ သည်မျှလက်ရဲဇက်ရဲလိမ့်မည်တော့ မထင်။ ပြော၍တော့ မရ။

အိမ်ရှေ့ခြံထောင့်က ကြက်ရောင်းသောကုလားအနီးတွင် သူသွား၍ထိုင်စောင့်တတ်သည်။ ဟိုက ကြက်အရိုးအရင်း[2]များ၊ တောင်ပံ၊ လည်ချောင်း၊ စနု[3]များ၊ အူစ၊ အရိအရဲများ[4]... ချကျွေးတတ်သဖြင့် သားစိမ်း၊ ငါးစိမ်းကို ခံတွင်းတွေ့[5]ခဲ့ပြီး ဖြစ်၏။

မနေ့က သူကြက်ပေါက်စ နှစ်ကောင်အနက်[6] သိပ်မသွက်လက်သော အယဲတကောင် ပျောက်သွားခဲ့ရာ၊ ကြောင်ခုတ်သည်ပဲ ထင်မိကြသဖြင့်၊ သားအလတ်မိုးမိုး က ဖျူဝင်းဆွဲသည်ဟုပင် ထင်ခဲ့သည်။

အရမ်းမထင်ပါနှင့်ဟု မနည်းပြောထားရ၏။ သူကြက်ကို ခုတ်သောကြောင်ကို ထောင်မည်၊ ကြောင်သားဟင်း ချက်စားမည်...ဟု၊ လူပျိုပေါက်ပီပီ[7]... ဦးနောက်မသုံးပဲ[8] ပါးစပ်သရမ်း[9]၏။

ကြောင်တွေကို တခုခုလုပ်လိုက်လျှင်၊ သူတို့အဖွား၊ ကိုယ့်အမေနှင့် ပြဿနာ ဖြစ်ရမည်။ မေမေက သူ့အိမ်ပေါ်က ကြောင်တွေကို လူလိုပင်ထားနေ၏။ ကြောင်ပေါက်စ မွေးကင်းစများရှိစဉ်က ညဘက်လာလာ[10]ဆွဲသော ခြေရင်းအိမ်ခြံမှ တက်တက်လာသည့်ကြောင်စုန်း[11]ကြီးများ ဖြစ်မလား... ဆိုတော့...

was impossible to say for sure, as with the other pets it was hard to believe that she would strike so boldly.

Phyu Win used to sit by the Indian who sold chicken at the corner of the compound. He would feed her bones, wings, necks, scraps, bits of intestine, slimy entrails... giving her a taste for raw meat.

When the less nimble of the chicks disappeared yesterday, I supposed that a cat had got it. My middle son, Moe Moe, assumed that Phyu Win had carried it off.

It took a lot of convincing to dissuade him of his certainty. Like the boy he was, his mouth went off before his brain. He was set to trap the cat that ate his chicken, he was going to cook up a cat-meat curry.

If he did do anything to the cats, there would be problems with his grandmother, my mother. She treated the upstairs cats just like people.

There is a feral cat which used to always come up from the bottom of the garden at night and steal the kittens when they were little. Maybe her?

---

[1] suffix to a noun, to indicate a common relationship. This is the same -ချင်း found in အိမ်နီးချင်း *neighbour* and သူငယ်ချင်း *friend*

[2] the base or thick end, the opposite of အဖျား။ အရိုးအရင်း indicates that it is the whole bone, not just the narrow middle part.

[3] also in compound nouns, e.g., မှန်စမှန်န့ *glass splinters*, သစ်စသစ်န့ *scraps of wood*

[4] the internal matter other than organs and edible parts of a slaughtered animal

[5] /ကွင်း/ ခံတွင်း *the (inside of the) mouth;* used metaphorically in words for appetite

[6] also used for larger numbers than two: among the Ns, of the Ns

[7] other translations could be *typically; being a boy*

[8] reformed spelling ဗ V သဲ

[9] *be out of control, be unruly*

[10] လာလာV *often comes and Vs.* See the same form with တတ် later in the sentence

[11] A 'witch-cat' an old cat who has gone feral and then come back to a domestic environment.

သူတို့ လက်သရမ်းမည် စိုးသဖြင့် သူတို့ ဦးလေးတယောက်ထံ အပ်ထား သော ကိုယ့် လေသေနတ်ကို ပြန်တောင်းမည်ဟု မိုးမိုးကဆို၏။

ကိုယ့်သားအလတ် မိုးမိုးသည် ဟိုဘဝက ဘာကောင်ဖြစ်ခဲ့သည်မသိ။ ငယ်ရွယ်စဉ်၊ နှစ်သား[1] အရွယ်ကပင် တိရစ္ဆာန်ကို သူအင်မတန်ချစ်၏။

လွန်ခဲ့သည့် သုံးလေးနှစ်လောက်မှစ၍၊ ကာတွန်းစာအုပ်များနှင့်အတူ၊ ဝတ္ထု စာအုပ် တအုပ်စ နှစ်အုပ်စ ကိုင်သည်ကို တွေ့ရတော့...။

သားသမီးထဲတွင် စာဝါသနာအိုးများ ပါလေမလားဟု ဝမ်းသာအားရနှင့် ကိုယ်က သူဘာတွေဖတ်သနည်း မေးကြည့်မိသည်။

အချစ်ဝတ္ထု မကြိုက်၊ စစ်တိုက်သည့် ဝတ္ထုမျိုးမှ ဖတ်ချင်သည်ဟု ဆိုသည်။ ကာတွန်းစာအုပ်ဆိုလျှင်လည်း တိရစ္ဆာန်ဇာတ်ကောင်တွေ များများ ပါဝင် သော သော်က၏ 'အရိုင်း'[2] လို ကာတွန်းကို သူအသည်းစွဲ၏။

မဂ္ဂဇင်းများထွက်ရက်ဆိုလျှင်၊ သူအလျင်ဆုံးဖတ်သည်မှာ ရှုမဝမှ သော်တာ ဆွေရဲ့ 'ကျွန်တော့်ဘဝဇာတ်ကြောင်း'ဟုဆို၏။ အထူးသဖြင့် ကြက်တွေ၊ မြင်းတွေ အကြောင်းပါသော မနစ်တနစ်က... အပုဒ်များကို သူအားလုံးဖတ်၏။ ယခုနှစ်ထဲ ဆရာကြီးရွှေဥဒေါင်းအကြောင်းများနှင့် ဖွန်ကိုင်ဇာတို့အကြောင်းကို ရေးတော့၊ သူမှန်မှန်မဖတ်တော့။ ဟိုတလောက... ဦးလေးသော်တာဆွေက အစား အသောက်အကြောင်းတွေ ထည့်ရေးတော့လည်း၊ မိုးမိုးက အဲသည်အပတ် မဂ္ဂဇင်းကို ဖတ်ကာ... 'ဘဘ သော်တာဆွေရေးတာ အရမ်းကောင်းတာပဲ'ဟု ချီးကျူး၏။

အသက်ခြောက်ဆယ်ရွယ် စာရေးဆရာကြီး၏စာကို... ဆယ့်သုံးလေးနှစ် သားက ချီးကျူးခြင်းဖြစ်၍ကိုယ့် ပြုံးမိ၏။

ကိုယ်ငယ်ငယ်ကလည်း... အဲလိုပဲ၊ တန်ရာတန်ရာ[3] စကားများကို မပြောခဲ့မိ။

He said he'd ask to get back my air rifle, which I keep with one of his uncles to prevent mishaps.

I do not know what kind of animal Moe Moe was in previous lives.

Even when he was just a toddler he loved animals.

It was only three or four years ago that I noticed him starting to pick up a book or two along with his comics....

I had been wondering if there would be no bookworm at all among my children, so I was delighted to ask him what he was reading.

He said he didn't like love stories — he wanted to read only war stories.

He also loved comics with animals as characters, like Thawka's *The Wild One*.

On the day the magazine came out, he would first read Thawta Swe's 'The story of my life' in *Shumawa*, especially a year or two ago when there was a lot in it about chickens and horses... then he would read it all. This year Thawta Swe was writing about Shwe U Daung and von Kaiser, and he did not read it so regularly anymore. But the other day, when Uncle Thawta Swe had something about food in his piece, Moe Moe read that issue and praised the story as a very good one.

I had to smile at the praise of a thirteen- or fourteen-year-old boy for a sixty-year-old writer.

When I was young... I was the same, I did not know how to say the appropriate thing.

---

[1] A boy a few days old is a ရက်ကျသား၊ under the age of one, a လသား၊ a နှစ်သား: is a young boy, in his first years. For girls, use ရက်သမီး၊ လသမီး၊ နှစ်သမီး;

[2] A popular comic published for many years which continued Kipling's Mowgli stories.

[3] *worthily, at an appropriate level* also frequently used with လုပ်- နေ-

ဒါပေမယ့်၊ ကိုယ့်သားအလတ်ကောင်သည် ကိုယ့်လိုစာသမား လူမွဲတော့ ဖြစ်မည် မထင်ချေ။

ကျောင်းတွင် စာလည်းမတော်။

အားကစားတွင်မူ သူတော်၏။ ရပ်ကွက်ထဲကြက်တောင်ရိုက်ရာတွင် ပထမ၊ ဒုတိယ ရဘူးသည်။ အဆော့အကစားများ၏၊ တိရစ္ဆာန်များဆိုချစ်တတ်၍၊ အပေါ် ထပ်က မေမေက ကြောင်လိုချင်သည် ဆိုလျှင်လည်း၊ သူပဲဘယ်က ရှာဖွေလာ သည် မသိ။ ကြောင်များကို ယူလာတတ်၏။

ဘယ်ကရလာသည် မသိ၊ ကြက်တွေယူလာကာ... ခြံထဲတွင် မွေး၏။

မနှစ်က ဦးလေးသော်တာဆွေ အိမ်သို့ပင် ဘတ်စ်ကားနှင့် အရောက်သွား ကာ၊ တိုက်ကြက်ဖတစ်ကောင်ကို သူတောင်းယူလာခဲ့သေး၏။

'ဟေ့... မောင်ဆွေ... မင့်သား ကြက်သမားရော...'ဟုပင် မေးယူရသည် အထိ၊ သည်ကောင်တွင် ဘယ်လို ဘဝက သော်တာဆွေနှင့် ရှေစက်ဆုံ[1]ခဲ့သည် မသိ၊ ဝါသနာတူနေသည်။ မနည်းကြီး ကိုယ်ထိန်းထားခဲ့ရ၏။

ယခုလည်း၊ ခြံထဲ၌ ကြက်ဖတကောင်၊ ကြက်မ နှစ်ကောင်၊ အိမ်ခေါင်းရင်းက ခရေပင်ပေါ်၌ ရှိနေကြသည်။

သူ့အိပ်ခန်းပြင်ဘက်၊ တံခါးပေါက်ဝ အနီးတွင်၊ အမှိုက်ကြိမ်ခြင်းတောင်းထဲ ထည့်၊ အပေါ်က သံစကာ[2]အုပ်ထားသော... ကြက်ပေါက်စတကောင်။ ကျီလီ... ကျီလီ... မြည်နေ၏။

နောက်ဖေးခန်းမှ အိမ်ရှေ့ဘက်သို့ ကိုယ် ပြန်ထွက်လာမိပြန်သည်။

ကြက်ဖတွန်သံတချက် ကြားရပြန်၏။

But I do not think that my middle son would grow up to be a poor literary type like me.

Moe Moe is not very good in school, either.

Sport is where he shines. He often comes in first or second in neighbourhood badminton tournaments. He plays a lot. He loves animals, and when my mother says that she wants a cat, it is Moe Moe who brings them home, who knows where he finds them.

I have no clue where he got the chickens, either, but he came home with them and raised them in the garden.

Last year he even went all the way to Thawta Swe's home by bus, asked for a fighting cock, and brought one back.

It got to a point where Thawta Swe asked me, 'Hey Maung Swe, is your boy getting into cockfights?' I have no idea how these two linked their fates in some other life, but they had so many shared interests. I had to stifle my annoyance at the comment.

Now we have one cock and two hens in the starflower tree at the top of the compound.

And just outside of his bedroom door, put in a rattan rubbish basket with a screen on top is a chick going cheep... cheep.

I leave the back room again, going back toward the front of the house.

I hear the cock's crow again.

---

[1] Many Buddhist and animist ceremonies include pouring water on the earth. Participating in ceremonies together binds together the fates of the participants, and the drops of water (ရေစက်) are the symbol of the links between them in later reincarnations. When people who have no conventional way to find each other nevertheless develop a close relationship, people speculate that ရေစက်ဆုံ- or ရေစက်တွေ.- the water drops bring them together again.

[2] reformed spelling ဆန်ခါ pronuncation /ဇဂါ/

ထို့နောက် ဆက်၍ တွန်နေပြန်လေသည်။

ပြူတင်းမှ လှမ်းမြင်ရသည်မှာ အပြင်ဘက်ကောင်းကင် ရှေ့တခွင်၌ ရောင်နီပင် ပျိုးနေပြီ ဖြစ်သည်။

တိုင်ကပ်နာရီကို လှမ်းကြည့်မိသောအခါ ငါးနာရီပင် ခွဲခါနီးနေပြီ ဖြစ်၏။

ကနေ့ မနက်…။

စာသိပ် မဖတ်ဖြစ်။

စောစောကဖတ်လက်စ စာအုပ်ကို စားပွဲပေါ်မှ လှမ်းယူပိတ်ကာ၊ နံဘေး စာအုပ်စင်ပေါ်သို့ ပြန်တင်လိုက်၏။

ဟိုတနေ့က စာကြည့်ခန်းထဲမှ အထပ်လိုက်ဆွဲထုတ်ယူထားသော 'အဲန်ကောင်တာ' စာစောင်များကို လှမ်းတွေ့နေမိပြန်သည်၊ တအုပ်ဆွဲယူလိုက် မိပြန်၏။

စာပေဆောင်းပါးများ ပါသည့်စာအုပ်များဖြစ်သည်၊ ဟိုတနေ့က အကြမ်းဖျင်း တခေါက်ဖတ်ခဲ့ပြီးပြီဖြစ်သည်၊ ထပ်ဖတ်ချင်စိတ်ဝင်လာပြန်သဖြင့် စာမျက်နှာ များကို လှန်လှောမိပြန်၏။

တွန်မံဝူ(ဖ်)ရဲ့ 'နော်ဗဲလ် ဝတ္ထုရှည်များမှ…အကြောင်းအရာနှင့် ပုံသဏ္ဍာန်'။ ပျွန်အပ်ဒိုက်ရဲ့ 'နော်ဗဲလ် ဝတ္ထုရှည်များရဲ့ အနာဂတ်'။ ရှိုက်မောရစ်ရဲ့ 'ဖစ်ရှင် ဝတ္ထုများကို ဖတ်သည့်အခါ'။

ဖစ်ရှင်ခေါ် ခေတ်ပေါ်ဝတ္ထုများ၌ ယနေ့အသုံးများလာသော၊ ပထမ နာမ်စား 'ကျွန်ုပ်'အကြောင်းကဏ္ဍကို ပြန်ဖတ်နေမိ၏။

စာပေဝေဖန်ရေး၊ သဘောတရား ဆရာလုပ်လို၍တော့ မဟုတ်။ ကိုယ့် ပရိယေသန [1] ဝမ်းစာရှာမှီး [2] ရခြင်းအလုပ်မှာ အယ်ဒီတာအလုပ်ဖြစ်ရာ၊ လက် လှမ်းမီသမျှကလေး လှမ်းဖတ်ရခြင်းမျှသာပဲ။ ပြီးတော့လဲ… စာပေကို ကိုယ်ချစ်ခဲ့ တာတော့ အမှန်။ ကိုယ့် အသက်၏ လေးပုံသုံးပုံ [3] ကျော်ကျော်မှာ စာပေနှင့်သာ အကျွမ်းတဝင် ရင်းနှီးခဲ့ရသည်လေ…။

တကယ်ပဲ။ အရှေ့တခွင်၌ ရောင်နီပျိုးပြီ ဖြစ်လေ၏။

The cock crows again.

Looking out the window, I can see the first red light beginning to spread through the eastern sky.

A glance at the wall clock shows that it is nearly 5:30.

This morning....

I have not got much reading done.

I pick up the book I had started reading earlier to close it and replace it on the bookshelf at my side.

I saw an *Encounter* magazine in the stack of books I had brought out from my library the other day, and pulled it back out.

The stack was all works with literary articles in them which I had skimmed again on that day. They piqued my interest, so I flipped through them again.

'Images and Themes of Nobel-prize winning Novels' by Tom Wolfe. John Updike's 'The future of Nobel Prize Novels'. Wright Morris' 'When reading Fiction'.

I read again about the trend in contemporary 'fiction' writing toward first-person narration.

It is not that I am really a literary critic, but as I earn my living as an editor, I read everything that falls within my grasp. It is true that I love books as well. For over three-quarters of my life I have occupied myself with nothing but literature, after all.

The dawn light is really spreading across the eastern sky now.

---

[1] Pali loan-word for livelihood, here paired with ဝမ်းစာ the Burmese for the same.

[2] ရှာ- here means *earn*, မှီ:- *depend on.*

[3] ပုံ is used to count units of a fraction or ratio, so this is *three parts out of four*

ပြတင်းမှ တိုက်ခတ် ဝင်ရောက်လာသော ဆောင်းလေသည် အသည်းဘဝင် နှလုံးကို ကြည်လင်လန်းဆတ်ချမ်းမြေ့စေပေသည်။

ရောက်ဖူးခဲ့သော မြောက်ပိုင်းတိုင်း၊ ကချင်ပြည်နယ်နှင့် ကမ္ဘောဇ[1] ရှမ်းပြည်ကို သတိတရဖြစ်စေမိပြန်သည်။

သည်ကနေ့ နံနက်ခင်းမှာ ဘာကြောင့်ရယ် မသိ၊ ကိုယ့် စိတ်အစဉ်တို့ကို ကြည်မွေ့သာယာနေစေသည်ကား အမှန်ပင် ဖြစ်၏။

အရှေ့ကောင်းကင်တခွင်၌ အလင်းရောင်များဖြန့်ကျင်းလာသောအခါ၊ စာဖတ် နေရာမှ ထလာခဲ့မိပြန်သည်။

ကျလစ်...ကျလစ်... အသံကလေးများမှသည်... ပီ...ကနဲ၊ ပီ...ကနဲ၊ စူးစူးရှရှ အော်ဟစ်လိုက်သောအသံကလေးများကို အဆက်မပြတ်ကြားလိုက်ရပြန်၏။

တကွတ်ကွတ်... တကွပ်ကွပ်နှင့်... ဇနီးမယားနှစ်ကောင်နှင့်အတူ ကိုရွှေ[2] ကြက်ဖလည်း ခရေပင်အိပ်တန်းမှ ဆင်းသက်လာခဲ့ကာ၊ အိမ်ရှေ့မှ ခြံမြေကွက် လပ်အတွင်းဝယ် ရောက်နေပြီ ဖြစ်သည်ကို လှမ်းတွေ့လိုက်ရ၏။

ထိုကြောင့်...၊ ကိုယ်သည် သားတော်မောင်မိုးမိုး၏ အိပ်ခန်းရှိရာဘက်သို့ ဝင် လာခဲ့မိပြန်သည်။

ထိုနောက်၊ သူ့အခန်းရံအပြင်၌ ကပ်၍ ချထားသော၊ သံစကာအုပ်ထားသည့် အမိုက်ခြင်းထဲမှ တစာစာ အော်မြည်နေသော ကြက်ငယ်ကို အသာလက်ဖြင့် မဆွဲ၍ ထုတ်ယူလိုက်သည်။

တဖျပ်ဖျပ်နှင့် တောင်ပံကလေးများကို ခတ်၏။

စောစောကလို ပီကနဲ... ပီကနဲ... စူးစူးဝါးဝါး မအော်တော့ပဲ၊ တီးတိုး ညင်သာသော အသံကလေးဖြင့် တကျိုကျို့မျှသာ အော်နေသည်။

ကိုယ်တိရစ္ဆာန်စကားကို နားမလည်သော်လည်း၊ ထိုသတ္တဝါကလေး၏ အသံသည်သူ့ကို ကြိုခြင်းထဲမှထုတ်ပေးသဖြင့် ကျေနပ်နှစ်သိမ့်သည့်အလား... အဓိပ္ပါယ် ဆောင်နေသည်ဟု ထင်မိ၏။

ကိုယ်က သမ်တလင်းပေါ် အသာကလေးချပေးလိုက်ရာ၊ အလင်းရောင် ရှိသော အိမ်ရှေ့ခန်းသို့ အပြေးကလေး ထွက်သွားရှာလေသည်။

သူနောက်မှ ကိုယ်လိုက်လာခဲ့၏။

The cool-season wind blowing through the window clears, cools, and refreshes my very soul.

It brings me back to my travels in the north, in Kachin State and Kambawza Shan State.

I do not know what it is about this morning, but it is truly clearing my mind and lifting my mood.

As the rays of light tinge the eastern sky I rise from my reading again.

Cheep... cheep... the peeping of the chick is now continuous, and shriller again.

Cluck cluck... cluck cluck... I can see that our star cockerel and his two wives have come down from their roost in the starflower tree to the patch of bare earth in the garden.

So then... I wander back to my son Maung Moe Moe's bedroom.

Then I gently lift the insistently peeping chick out of the screen-covered rubbish basket pushed up against the wall of Moe Moe's room.

He flutters his short wings.

Now he is not cheeping as loudly as before, but making contented little chirps.

Not understanding animal language, I cannot be sure, but the meaning I draw from the chick's change of tone is that the he is pleased to be taken out of the basket.

I set him down softly on the concrete floor. The poor thing dashes off toward the light-filled room at the front of the house.

I follow him.

---

[1] Kambawza is an old name for the Shan region.
[2] prefix to the name of someone special, also မောင်ရွှေ၊ မရွှေ၊ ဒေါ်ရွှေ၊ ဦးရွှေ as appropriate

အိမ်ရှေ့ခန်းရှိ စားပွဲဟောင်း တလုံးပေါ်တွင် ရှိသော၊ မနေ့ညက ကိုယ့် အမျိုးသမီး ဆန်ပြာယင်းရသမျှ ဆန်ကွဲကလေးများကို စုထည့်ထားသည့် ဒန် ဖလားဟောင်းကလေးကို ဆွဲယူကာ တံခါးပေါက်ရှိရာသို့ ကိုယ်ထွက်လာခဲ့၏။

တံခါးကို ဖွင့်ပေးလိုက်သည်။

လူ...၊ ကလေးငယ်ကလေး တယောက်လိုပါပဲ။

ကိုယ် တံခါးဖွင့်နေစဉ်၊ ကိုယ့်ခြေရင်းနားမှ ခေတ္တရပ်တန့်စောင့်နေရာသော ကြက်ကလေးသည်...။

တံခါးပွင့်သွားသည်နှင့်...

အပြင်ဘက်သို့ အပြေးကလေး ပြေးထွက်သွားရှာ[1]၏။

အပြင်ရောက်လျှင်၊ အိမ်ရှေ့ဥပစာ[2] အုတ်ခုံလှေကားသုံးဆင့်မှ ခပ်သွက်သွက် ကလေး ခုန်ဆင်းသွားသည်။

သူ့နောက်မှ လိုက်လာခဲ့ပြီး၊ အိမ်ရှေ့ရှိ မြေပြင်ပေါ်သို့ဆန်ကွဲများကို ကြဲချပေး လိုက်သည်။

နှစ်နေရာခွဲ၍ ကြဲလိုက်၏။

တနေရာက... အကောင်ကြီး ကြက်ဖနှင့် ကြက်မနှစ်ကောင်တို့အတွက်၊ တနေရာက ဟိုကြက်သုံးကောင်နှင့်အတူထားမရသော ကြက်ပေါက်စကလေး အတွက်။

သည် ကြက်ကလေးမှာ မနေ့ကမှ သူ့သူငယ်ချင်းအိမ်က မိုးမိုးပြန်ယူလာ သော ကြက်ကလေးဖြစ်သည်။

နှစ်လသား၊ ကျော်ကျော် အရွယ်မျှသာ ရှိသေးမည်ထင်၏။

လွန်ခဲ့သော နှစ်လကျော်က...။

ဤ ကြက်ငယ်နှင့် အတူ၊ မွေးချင်း[3]ကြက်ကလေးနှစ်ကောင်တို့ကို အိမ်တွင် ယခင်ကရှိခဲ့သော ကြက်မကြီးတကောင်မှ ပေါက်[4]ခဲ့သည်။

ညဉ့်ဦးပိုင်း တခုတွင်...။

On an old table in the front room the broken grains my wife picked out from last night's rice are collected in an old bowl, which I sweep up as I go to the door.

I open the door for the chick.

Just as for a child.

The chick hovers around my feet for a moment as I open the door.

As I open the door...

The chick runs out, poor little thing.

The chick hops nimbly down our house's three brick front steps.

I follow him, and scatter the broken rice on the ground.

I divide it between two places.

I strew rice in one place... for the cockerel and the two hens, and in another for the chick, which cannot be left among the other three chickens.

Moe Moe just got this chick back from his friend's house yesterday.

I think it is just about two months old.

Two months ago...

This chick and another hatched at the same time; their mother was a hen we used to have in the compound.

One evening....

---

[1] sympathetic particle, suffixed to a verb when something regrettable has happened

[2] You have probably come across ဥပမာ as *figurative sense* or *figurative expression*. ဥပမာ also means *premises*, especially the area between a building and a street.

[3] This word includes all the children born in a family, not only the living ones. It can be used for people as well as animals.

[4] ပေါက်- is the most common verb for *hatch, be born* and *bear* for animals, parallel to the meanings of မွေး:- for humans.

အိမ်ရှေ့တွင် ရှိသောခြံထောင့် ဝပ်ကျင်းရှိရာဘက်ဆီမှ၊ ကြက်ငယ်ကလေး များ၏ စူးစူးရှရှ အော်သံများကို ကြားရသဖြင့်၊

ကိုယ်ထွက်လာပြီး ကြည့်ရာ...၊

ဝပ်ကျင်းအပြင်ဘက်၊ မြေပြင်၌ ပက်လက်ကြီးလန်[1]ကာ ခြေနှစ်ချောင်း၊ မိုး ပေါ်ထောင်လျက်ဖြင့် လဲကျနေသော ကြက်မကြီးကို တွေ့ရ၏။

ကြက်မ၏ခန္ဓာကိုယ် အမွှေးအတောင်များအကြားမှ ဦးခေါင်းကလေးများ ပြူတစ်ပြူတစ်[2]နှင့် ကြက်ကလေး နှစ်ကောင်ကိုလည်း တွေ့ရသည်။

ကြက်မကြီး ပက်လက်လန်နေသဖြင့် အထိတ်တလန့်ဖြင့် အနီးသို့ကပ်ကာ သေချာကြည့်မိရာ၊ အသက်မရှိတော့ပြီကို တွေ့ရသည်။

ကိုယ့် သမီးငယ်[3]ဝင်းမင်းနှင့် ယမင်းတို့နှစ်ဦးလည်း ကိုယ့်အနားသို့အပြေး ကလေးရောက်လာခဲ့ကြသည်။

'ဖေဖေရယ်... ကြက်မကြီး ဘယ်လိုဖြစ်သွားတာလဲ...၊ သနားစရာ၊[4] သေ သွားပြီ ထင်တယ်နော်...၊ ကြက်ကလေးတွေတော့ ဒုက္ခပဲ'ဟု သူတို့ စုတ်တ သတ်သတ်[5] ဖြစ်နေကြ၏။

မကြာမီ မို့မို့လည်းအိမ်ထဲမှ ပြေးထွက်လာသည်။

လက်နှိပ်ဓာတ်မီး သူ့လက်ထဲ၌ ပါလာ၏။

ကြက်မကြီး ကိုယ်ကို လက်နှိပ်ဓာတ်မီးဖြင့် ထိုးကြည့်ကာ ဒဏ်ရာဝိုင်း ရှာသည်။

ဘာဒဏ်ရာမှ မတွေ့ရ။

Hearing piercing cries from the nest in the corner of the front garden I went over to see what was happening...

On the ground next to the nest I saw the hen lying on her back with her feet in the air.

I also found two chicks shyly peeking out from her coat of feathers.

I was startled to see her lying on her back, so I went up close to examine the chicken. I could tell that she was lifeless.

My daughters Win Min and Yamin came running up.

'Daddy, what happened to the hen? Poor thing, I think she's dead, isn't she? How sad for the chicks,' they cried out.

Before long Moe Moe came running out of the house as well.

He brought a flashlight.

I shone the light on the hen, and we all looked for any injury.

We could not find any.

---

[1] လန့်- means *upturned*, also *rolled up, turned up* (as in a sleeve, cuff, etc). ပက်လက်လန့် is also used metaphorically for *helpless, vulnerable, exposed*

[2] ပြူ– means *stick (something) out* (e.g., stick your head out the window, stick out your tongue), and တစ်– means *be stuck, be wedged* (in a hole, opening, etc) so together they mean something like *popping in and out*. Here, the impression of the frightened chicks is better given by shyly, which leads the reader to imaging a shy child alternately hiding and peeking out.

[3] In the Burmese text, the narrator specifies that these are his younger daughters. In English, the information on which sibling is older or younger is not always relevant.

[4] literally, *pitiable*

[5] from (reformed spelling) စွတ်သပ်– *make a sympathetic or calming clicking sound,* and by extention *be moved to sympathy*. This form of adverbial phrase can be found in other words as well e.g., ထပ်တလဲလဲ *again and again, over and over*

ဦးခေါင်းတခုလုံးမှု ပြာသို[1] နေ၏။
'မြွေများ[2] ကိုက်သွားသလား။'
ကိုယ့်နှုတ်မှ ထွက်သွား၏။
'မြို့လယ်ခေါင်မှာ မြွေရှိသလား ဖေဖေ'
သမီးအကြီးက မေးသည်။

'ဖေဖေတို့ ရပ်ကွက်က... သစ်ပင်တွေ၊ မြက်တွေပေါတယ်၊ မြေကွက်လပ်... ခြုံမြေကျယ်တွေ ရှိတယ်ဆိုတော့ ရှိချင် ရှိမှာပေ့ါ... ခု... သည်နားမှာကလဲ ကြွက်တွင်းလို တွင်းတွေက ရှိတာ... မြွေရှိချင်လဲ... ရှိနိုင်တာပေ့ါ။'

တွေးမိတွေးရာ၊ ထင်ကြေးနှင့်ကလေးတွေကို ဖြေနေရ၏။ 'မြွေကိုက်ယင်[3] သည်လိုပဲ ခေါင်းက ညှိုးမှည်းသွားသလား...ဖေဖေ'ဟု မိုးမိုးက မေး၏။

'ဟော့အေး... ဖေဖေ နားမလည်ပါဘူးကွယ်...'

'သား...ဟိုဘက် မြောင်းမှာ သွားလွှတ်[4]ပစ်လိုက်ရမလား၊ ဒါမှမဟုတ်... ဟိုဘက်ခြံက အလုပ်သမားတွေ သွားပေးရမလား...၊ သူတို့ ချက်စားချင်စားရ အောင်။'

'ဟာ...ကိုယ့်အိမ်မှာ မွေးတဲ့ကြက်ပဲ သားရယ်၊ တွင်းတူးပြီးပဲ မြှုပ်လိုက်ပါ...။'

ထိုနေ့ညက၊ သားအဖတွေ အိမ်ခြံထဲ အရှေ့တောင်ထောင့်ရှိ ပိတောက်ပင် ကြီးအောက်၌ ကြက်မကြီးကို မြေမြှုပ်သင်္ဂြိုဟ်[5] ပေးခဲ့ကြ၏။

Her whole head was discoloured.

'Was she bitten by a snake?'

I blurted it out.

'Are there snakes in the middle of the city, Daddy?'

It was my daughter asking.

'There are trees, grass, vacant lots... and some large compounds in our neighbourhood, so there might be snakes. Now, see there's a burrow that might be a rathole, but there could be a snake, too.'

While I was still formulating my thoughts to answer the children. Moe Moe asked, 'Daddy, does snakebite turn the head black and blue like that?'

'Well, hmm, actually I don't know anything about that.'

Moe Moe wanted to know, 'Should we toss the hen in the ditch over there? Or maybe we could give it to the workers in the next lot, let them cook it if they want to.'

'Our own pet chicken, Moe Moe? We should dig a grave and bury her.'

That evening, the two of us buried the hen with a ceremony under the big *padauk* tree in the south-east corner of the compound.

---

[1] literally: *blue and grey/brown* (the colours of a bruise, in English black and blue)

[2] literally *snakes;* များ: is sometimes added just for emphasis e.g., ခေါင်းများကိုက်– *have a bad headache.* Here it gives a sense of suspicion or mystery.

[3] reformed spelling ရင်

[4] reformed spelling လွင်– usually pronounced /လွန်/

[5] reformed spelling သင်္ဂြိုဟ်– /သုဂျို/ *hold a funeral*. This word is usually used in way that specifies the way the body is dealt with, so usually either မီးသင်္ဂြိုဟ် for a funeral with a cremation, or as here, မြေမြှုပ်သင်္ဂြိုဟ် for a burial. Some argue that it should be spelled သင်္ဂြိုလ် to distinguish it from သင်္ဂြိုဟ် /သင်းဂျို/ an Abhidhamma compendium

နောက်တနေ့ နံနက်တွင်၊ ကျန်ရစ်ခဲ့သော မိတဆိုး[1]ကြက်ကလေးနှစ်ကောင် ကို မိုးမိုးသည် သူ့သူငယ်ချင်း ငုံးများမွေးနေသော သူငယ်[2]၏အိမ်တွင် သွားထား သည်။ သူ့သူငယ်ချင်းက ထိုကြက်ကလေးနှစ်ကောင်ကို ငုံးများနှင့်အတူ ရောထည့်ကာ မွေးပေးခဲ့လေသည်။

မနေ့က ယင်းကြက်နှစ်ကောင်ကို ပြန်ယူလာခဲ့ခြင်းဖြစ်၏။ မနေ့ကပင် တကောင်သည် ပျောက်ခဲ့သည်။

မိုးမိုးလည်း ကျောင်းသို့သွားနေချိန်၊ ကိုယ်ကလည်း အလုပ်မအားဖြစ်နေချိန်၊ ပထမတွင် ခြင်းတခုထဲ ထည့်ထားပြီး နောက်ခြင်းထဲမှ ထုတ်ကာ ခြံထဲခေတ္တ လွှတ်ထားခဲ့မိသည်။ နှစ်နာရီကျော်မျှအထိ ထိုကြက်ကလေးများကို ခြံထဲလွှတ် ထားမိကာ၊ သတိမေ့လျော့နေခဲ့မိ၏။ ပြန်လည်သတိရသောအချိန်တွင်၊ တကောင် သာ ပြန်တွေ့ခဲ့ရတော့သည်။ တကောင်ကား ပျောက်ခြင်းမလှ ပျောက်ခဲ့၏။ အမွှေးအတောင်အရိုးအစမျှပင် မတွေ့လိုက်ရတော့ချေ။

ကနေ့ကျန်ရစ်သော ထိုတကောင်တည်း။

သူ့ခများ[3]သည် ကျေနပ်အားရွှင်မြူးသော အသွင်ကလေးဖြင့် ခုန်ပေါက်ကာ ဆန်ကွဲများကို ကောက်ယူစားနေလေသည်။

အဖော်ကလည်း မရှိတော့။ ကြက်ဖကြက်မများကလည်း သူ့ကို အနားကပ် မခံ။ လူသာ အနီးအနားမရှိလျှင်၊ ထိုကြက်ကလေးကို လိုက်၍ပင် ထိုးဆိတ်မှု ပြုကြသည်ကို တွေ့ခဲ့ရသည်ဖြစ်ရာ၊ အိမ်ရှေ့ရှိခုံတန်းလျားတခုတွင် ထိုင်လျက် ကိုယ်စောင့်ပေးနေမိ၏။

နံနက်ခြောက်နာရီခွဲမျှ ရှိလာခဲ့ပြီ ဖြစ်သောကြောင့်၊ ကိုယ်တို့ အိမ်ရှေ့၊ ခြံဝင်း ပြင်ဘက်မှာ လမ်းပေါ်တွင် လူသွားလူလာရှိလာခဲ့ပြီဖြစ်သည်။

ကြက်ကလေးသည် အတန်ကြာမျှ ဆန်ကွဲများကို သူ့နှုတ်သီးကလေးဖြင့် ပေါက်၍ ပေါက်၍ ကောက်စားနေရာမှ၊ ဝသွား၍လားမသိ၊ အစားရပ်ကာ၊ ကျလီ... ကျလီ...နှင့် အော်လျက် ကိုယ်ရှိရာဘက်သို့ ဦးခေါင်းကလေးလှည့်၍ မော်ကြည့်နေသေးသည်။

The next morning, Moe Moe took the two motherless chicks the hen had left behind to the house of a friend who raised quail, and left them with him. His friend had been raising the two chicks along with his quail.

Yesterday Moe Moe went back to get the chicks. And already yesterday one disappeared.

It happened when Moe Moe was at school and I was busy with my work. First they were both in a basket, then they were taken out of the basket to run around outside for a while. The chicks were out in the garden for over two hours, forgotten. By the time we remembered them, we could find only the one chick. One of them had met an ugly end. We never even found so much as a shred of feather or splinter of bone.

Today only this chick is left, all alone.

The poor thing hops around pecking up the broken rice with all appearance of joy.

He has no company. He will not allow the hens and cockerel come anywhere near him. Having seen how the grown chickens chase the chick and peck at him when there are no people around, I sit on the bench in front of the house and keep an eye on him.

It is half past six. People begin go their ways on the street outside the compound.

The chick snaps up the rice with his little beak for quite a while when, perhaps because his stomach is full, he stops eating, and turns his head towards me, cheeping and looking up at me.

While I think how tame this little chick is he comes running up to me.

---

[1] *motherless child;* the equivalent for children who have lost their father is ဖအဆိုး

[2] *he,* said by an older person of a boy

[3] sympathetic particle suffixed to someone who has suffered a misfortune

ကိုယ်က စမ်းသပ်လိုသောသဘောဖြင့်၊ ခုံတန်းလျှားမှထကာ၊ ခြေထဉ့် ဟိုသည် အနီးယံမျှ ခေါက်တုံ့လျှောက်၍ ကြည့်မိသည်။ ကိုယ့်နောက်မှ တကောက်ကောက် သူလိုက်ပါလာ၏။

အိမ်ပေါ်သို့ တဘက်အိမ်မကြီး ဘေးပေါက်အုတ်လှေကားထစ်ကလေးများမှ ကိုယ်ပြန်တက်လာခဲ့သည်။

ကိုယ့်နောက်မှ... အုတ်လှေကားသုံးထစ်မျှကို ခုန်၍ ခုန်၍ တက်ကာ၊ သူ လိုက်ပါလာ၏။

အိမ်မကြီးဘက်မှ ညှေ့ခန်းကိုဖြတ်၍ ကိုယ်တို့မိသားစုနေရာ အဆောင်ရှေ့ခန်း သို့ ပြန်လာခဲ့သည်။ စာကြည့်စားပွဲတွင် ပြန်ဝင်ထိုင်လိုက်၏။

ကိုယ်စာပွဲ၌ ထိုင်နေစဉ်၊ သူ့ဘာသာလွတ်လွတ်လပ်လပ် ကိုယ်နှင့် မနီးမဝေး တနေရာတွင် အန္တရာယ်ကင်းစွာဖြင့် နေပေစေတော့ဟုသဘောထားလိုက်သည်။

စားပွဲဘေးတွင်ရှိသောစာအုပ်စင်မှ မနေ့က စာကြည့်ခန်းဗီရိုတခုထဲမှ ထုတ် ယူထားသော စာအုပ်ပုံကို ကိုင်ဖွလိုက်မိပြန်သည်။ စာအုပ်သုံးအုပ်လက်ထဲ၌ ပါလာ၏။

အာရ်၊ ဗီ၊ ကက်စီးလ်၏ 'ဝတ္ထုရေးလိုသော်'၊ ပီတာ ဝက်စ်လဲင်းဒ်၏ 'စာပေ ကို ဂုဏ်တင် အကဲဖြတ်ခြင်း'၊ ...နှင့် မီရီယမ် အလောတ်၏ 'ဝတ္ထုရှည်နှင့် ပတ်သက်၍ ဝတ္ထုဆရာများ၏ အမြင်'။

ထုံးစံအတိုင်း၊ ဟိုသည် လှန်လှောကာ ဖတ်ရှုနေမိပြန်၏။

ကြိုက်နှစ်သက်သော မှတ်သားထားသင့်သောစာကြောင်းစာတန်းတွေ လျှင် မှတ်စုစာအုပ်၌ ရေးကူးမှတ်သားနေမိသည်။

နံနက် ခုနစ်နာရီမျှ ထိုးလာခဲ့ပြီ ဖြစ်၏။

အိမ်သားများလည်း တဦးပြီး တဦး အိမ်ရာများမှ နိုးထလာခဲ့ကြပြီဖြစ်သည်။

တဘက် အိမ်မကြီးအပေါ်ထပ်နှင့် အောက်ထပ်များမှ စကားပြောသံများကိုပင် ကြားနေရပြီ ဖြစ်၏။

တဘက်ခန်းမှ ညီမ အကြီးဖြစ်သူ မြင့်မြင့်နှင့် သူ၏သား ဖိုးကျော်တို့လည်း နိုးကြပြီနှင့် တူသည်။ ဖိုးကျော်၏ မဝီကလာ ပီကလာ[1] စကားပြောသံကိုပါ ကြားနေရ၏။

66

Testing him, I get up from the bench and pace in the garden nearby, watching him. He follows on my heels.

I go back into the main house through the side door, climbing the shallow brick steps.

He follows... hop hop up the three steps.

I cross through the living room of the main house and arrive back in the front room of my family's house. I sit back down at my desk.

While I am sitting at my desk, the chick might go anywhere, but he hovers nearby, and I think that it is just as well for him to remain out of harm's way.

From the booksehelf next to my desk I take back out three books from the stack that I selected from one of my bookcases yesterday.

R. V. Cassill's *Writing Fiction,* Peter Westland's *Literary Appreciation,* and Miriam Allott's *Novelists on the Novel.*

As usual, I leaf through the pages, reading this and that.

When I come across notable passages that I like, I male note of them in my notebook.

It is already seven o'clock.

One member of the household after another is waking up and beginning to move about.

Over in the main house voices can be heard from upstairs.

In the next room, it seems my sister Myint Myint and her son Pho Kyaw have woken up; I could hear Pho Kyaw's lisping voice.

---

[1] speaking unclearly, especially like a child who does not pronounce words correctly yet. ၈- means to pronounce clearly.

မကြာမီ ကိုယ့်တို့ အဆောင်အတွင်းအိပ်ခန်းမှ ကိုယ့်သားသမီးများ၏ မိခင် မစပယ်လည်း နိုးလာကာ၊ ကိုယ်ရှိနေသော အိမ်ရှေ့ခန်းကို ဖွင့်၍ တဘက် ခန်းသို့ ထွက်သွားသည်။

ကိုယ့်တို့အိမ်မှာ... မိသားစုပေါင်း ငါးစုမျှစုပေါင်းနေသော အိမ်ဖြစ်၍ ထမင်း ဟင်းချက်သော မီးဖိုခန်းနှင့် ရေချိုးခန်းတို့မှာ၊ ခေါင်းရင်းဘက်အိမ်မကြီး ရှိရာ ဘက်တွင်ရှိသည်။

ကျလီ... ကျလီနှင့် အသံအော်မြည်ကာ၊ စောစောက မနီးမဝေး အိမ်ရှေ့ခန်း သမံတလင်းပေါ်တွင်ရှိနေသော ကြက်ကလေးသည် ကိုယ့်စားပွဲအနီးမှ ကုလား ထိုင်တလုံးပေါ်သို့ ခုန်ပျံတက်လာလေ၏။

သည်ကောင်လေး မျိုးရိုးမှာ အပျံသန်၏။

ကုလားထိုင်ပေါ်သို့ တောင်ပံကလေးများကို ခတ်၍ တချက်မျှနှင့်ပင် သူခုန် တက်လာနိုင်၏။

ထိုမှတဖန်၊ ကုလားထိုင်ပေါ်မှသည် စားပွဲပေါ်သို့ပင် ထပ်ဆင့်၍ ခုန်ပျံ တက်လာပြန်သေး၏။

မျက်လုံးကလေး ပိစိကွေးဖြင့် ကိုယ့်မျက်နှာကို သူတချက်လှမ်းမော်၍ ကြည့်နေပြန်သေးသည်။ နှုတ်မှလည်း တိုးတိုးညင်သာသော အသံကလေးဖြင့် တပီပီအော်နေပြန်သေး၏။

ကိုယ်လက်ဖြင့်လှမ်း၍ သူ့ကိုယ်ကလေးကို အသာဆုပ်ယူ ဖမ်းဆွဲလိုက်သည်။ အလိုက်သင့်ပင် ကိုယ့်လက်တွင်း၌ သူပါလာ၏။

ပေါင်ပေါ်အသာချထားပေးလိုက်၏။

ကိုယ့်လုံချည်ပုဆိုးခါးပုံစ အကြားသို့ပင် သူတိုးဝင်ပုပ်ဝပ်နေလေသည်။ အတန်ကြာမျှအထိ ထိုနေရာ၌သာ ငြိမ်သက်၍ ဝပ်နေလေသည်။ ကိုယ်က အသင့်ဖတ်ရှုပြီး လှန်ထားသော စာအုပ်မှ စာမျက်နှာကို ပြန်ကိုင် ကြည့်ရှုလိုက်သည်။

ထိုနောက်၊ မှတ်စုစာအုပ်၌ ကူးလိုရာကို ဆက်လက် ရေးကူးနေမိ၏။

ထိုမှ တဖန်၊ ခါးပုံစ အကြားမှ သူ့ကိုပြန်သတိရမိပြန်ကာ၊ အသာငုံ့ကြည့်မိ၏။ ကြက်ကလေးသည် ယခုမှ ဝပ်နေရာက ပြန်ထကာ၊ တို့၍ အပြင်ဘက်သို့ ခေါင်းပြူကြည့်နေသည်။

Before long, my own children and my wife Ma Zabè would be up, and would be coming through my room to reach the other rooms.

As our household was comprised of five families, the kitchen where we cook our meals and the bathroom are in the main house at the top of the compound.

Cheep... cheep. The chick, which has been staying close by on the concrete floor of my room, now flutters up onto a chair next to my desk.

His breed of chicken can fly well.

He can hop up on the chair with a single flap of his wings.

Another moment, and he flies on from the chair to the desk.

He looks up and his beady eyes fastened on mine. Soft peeps came from his beak again.

I reach out and gently picked him up.

He rides along in my hand as I lifted him.

I carefully set him down in my lap.

He nestles into the folds of cloth at the waist of my longyi.

He stays there, quite still, for a long time.

I go back to the page of the book that I had been reading.

Then I continue to copy the passage I need into my notebook.

After some time, I remember the chick among the folds of my longyi, and carefully look down at him.

At that moment, the chick gets up, moves up a bit, and his head emerges from his hiding place as he looks around.

သူ့ကိုယ်လုံးကလေးကို လက်ဖြင့်အသာဖမ်းဆုပ်မ [1] ယူ လိုက်ပြီးနောက်၊ ကိုယ်နေရာမှ ထလိုက်သည်။
တဘက်ခန်းသို့ ထွက်လာခဲ့၏။
တဘက်ခန်း ဘေးပေါက်မှသည် ခြံထဲသို့ ဆင်းလာခဲ့သည်။ ကိုယ့်လက်တစ် ဘက်ထဲတွင် ကြက်ကလေးကို အသာဆုပ်ဖမ်း၍ ယူလာ၏။ သူငြိမ်သက်စွာ နှင့်ပင် ကိုယ့်လက်ထဲမှ လိုက်ပါလာခဲ့သည်။
ညီမအယ် မိအေးနှင့် သူ့သားကြီး လေးနှစ်သားကိုထွင့်... အခါလည် [2] သမီး ဆုဝေတို့လည်း နိုးနေကြလေပြီ။
သားအမိ [3] သုံးယောက်ကို ခရေပင်အောက်မှ ခုံတန်းလျားတွင် တွေ့နေရ၏။ ကြက်ကလေးကို မြေပေါ် အသာချပေးလိုက်သည်။
သူအပြေးအလွှား ပျော်ရွှင်မြူးထူးစွာဖြင့် ပြေးထွက်သွား၏။ မြေပေါ်မှ တွေ့ရ အစအနကလေးများကို နှုတ်သီးကလေးဖြင့် လိုက်ပေါက် ကောက်စားယင်း ဆော့ကစားနေဟန်ရသည်။
စာကလေးများအတွက်ကြဲချပေးထားသော ဆန်ကွဲစကလေးများကို တွေ့သွား ပြန်လေရာ၊ ထိုအနားမြေပြင်မှ သူမခွာတော့။
ညီမအကြီး၏ သားငယ် ခြောက်နှစ်သား ဖိုးကျော်နှင့် သူ့အမဆင်ဆင်တို့ လည်း ဘေးပေါက်အုတ်လှေကားစွန်၌ ငုတ်တုတ်ထိုင်ကာ၊ ကြက်ကလေးကို လှမ်းကြည့်နေကြ၏။
ကနေ့... စနေနေ့မို့ ကျောင်းတွေ ပိတ်ထားသဖြင့်အိမ်တွင်ကလေးကြီးငယ် လူစုံရှိနေကြသည်။
ကလေးတွေကလည်း ဝိုင်းကြည့်ပေးနေကြသဖြင့် ကိုယ်လည်းကြက်ကလေးကို ခြံထဲ၌ပင် ထားရစ်ခဲ့ကာ၊ အိမ်ပေါ်သို့ ပြန်တက်လာခဲ့သည်။
စာကြည့်စားပွဲရာသို့ ပြန်လာခဲ့၏။
စောစောက ကူးလက်စ စာတိုကို ဆက်လက် ရေးကူးနေမိသည်။

'...ဝတ္ထုများထဲမှ စရိုက်အပီပြင်ဆုံးဇာတ်ကောင်များမှာ တကယ့် လူ့ဘဝ ထဲမှ ဆွဲထုတ်ယူထားခြင်းဖြစ်ကြောင်း၊ ကျွန်ုပ်တို့ သိနားလည်ခဲ့ကြပြီးဖြစ်

I scoop him up gently in my hand, and then I get up as well.

I go into the next room.

I go out that room's side door, and down into the garden, carrying the chick cradled in one hand. He lets himself be carried along without stirring the slightest.

My younger sister Mi Aye, her son Ko Htut and her one-year-old daughter Su Way are up.

I see mother and children on the bench under the starflower tree.

I set the chick lightly on the ground.

He happily takes off at a run. He seems to be playing, dashing around, pecking at bits of things with his little beak.

He discovers the broken rice that we had put out for the sparrows, and does not leave that area.

My other sister, her six-year-old son Pho Kyaw, and his sister Hsint Hsint also sit silently on the brick stoop of the side door, watching the chick.

Today... it is Saturday, the school is closed and all the household — children and adults — are here.

As the children were all watching the chick, I left him in the garden and go back into the house.

I return to my seat at my desk.

'... We know that the most clearly drawn characters in fiction are taken from real life. The character of Kitty in *Anna Karenina*

---

[1] note that this is the verb ဝ- *to lift* not the negative particle

[2] one-year-old

[3] mother and children

သည်။ အဲင်နာကရီနီးနားမှ ဇာတ်ကောင်ကစ်တီသည် တော်စရျှိုင်၏ ဇနီး မယားဖြစ်၏။ ဝစ်သားရင်းကိုက် ဝတ္ထုကြီးထဲမှ ဇာတ်ကောင်ဟိသ်ကလစ်ဖကို ဖန်ဆင်းရန်အတွက် စာရေးဆရာမအိမီလီ ဘရွန်တီသည် သူ့မောင်တော်သူ ဘရဲင်းဝဲလ်၏ စရိုက်ကို ယူသည်။ ဖလော်ဘဲသည်လည်း မဒမ် ဘိုဗာရီ ဟူသော ရုပ်ပုံလွှာအတွက် သူ့မယားယယ် လွီကိုလေးကို စံပြပုံစံအဖြစ် အသုံးပြုခဲ့သည်။ ... ...'

'အား... ဟိုမှာ... ဟိုမှာ... ဟိုမှာ...'

စူးစူးဝါးဝါး အော်ဟစ်လိုက်သော ကလေးငယ်၏အသံ။

ခြောက်နှစ်သား ဖိုးကျော်သည် မဝီကလာ ပီကလာဖြင့် သံကုန် ဟစ်အော် ကာ ကိုယ့်ဘက်သို့ ပြေးလာလေသည်။

ကိုယ်လည်း နေရာမှ ချက်ချင်းဖြတ်ကနဲ လှည့်ကြည့်ရှ ထရပ်မိ၏။

သည်ကောင်[1] သည်လိုပဲ။ တခါတရံ ဘာမှန်း[2]မသိ၊ စွတ်[3]အော်ဟစ်ကာ ပြေးဆော့ကစားတတ်သည်။

သို့ရာတွင်...

သည်တခါတွင်မူ၊ ဖိုးကျော်၏ မျက်နှာသည် တစုံတခု အရေးကြီးသော အဓိပ္ပါယ်အသွင်ကို သယ်ဆောင်ယူပါလာ၏။ ပြူးပြူးပြဲပြဲနှင့် ထိတ်ထိတ်ပျာပျာ ဖြစ်သည်။

'ဘာဖြစ်လို့လဲ...သား၊ ဖိုးကျော်...။'

သူ ကိုယ့်လက်ကိုအတင်း[4]လှမ်း၍ ဆွဲ၏။ သူ့ရှိသမျှအင်အားကလေးကို သုံး၍ ကိုယ့်ကို ဆွဲခေါ်နေသည်။ ကလေး၏ လက်ကလေးများသည် တုန်ယင်နေရာ၏။ သူ့ကိုယ်လုံးကလေး တခုလုံးလည်း နတ်ဝင်သည်ပမာ[5] လှုပ်ခါရှိပင် နေသည်။

'အကောင်... အကောင်... ဟိုကောင်ကြီး... ဟိုကောင်ကြီး...'

'ဘာဖြစ်လို့လဲ ဖိုးကျော်။'

is Tolstoy's wife. In the novel *Wuthering Heights*, Heathcliff was created from personality of the author Emily Brontë's brother Branwell. Flaubert also used his mistress as Louise Colet as the model for his portrait of Madame Bovary. ... ...'

'Ah!... There! There!... There!...'

I hear a piercing shout in a child's voice.

It is Pho Kyaw, the six year old, shouting at the top of his lungs in his childish accent, and coming at a run.

I also bolt out of my chair and turn to look.

He's like that, this kid. Sometimes, I have no idea why, he just shouts without thinking, and runs around playing at something.

But in this case...

This time, I could see on Pho Kyaw's face showed that something important had happened. His eyes wide-open eyes bulge, he is agitated, distraught.

'What's wrong, boy? Pho Kyaw...' He tugs hard on my hand. He uses all his strength to get me to come with him. His hands tremble, poor thing. His whole body shakes as though he were possessed by a spirit.

'The animal... the animal... that beast... that beast...'

'Pho Kyaw, what's happened?'

---

[1] Boys are often affectionately referred to as ကောင် or ကောင်လေး, and girls as ကောင်မလေး.

[2] emphasis, especially for knowledge and opinion. It is most often used in negative sentences, but can be used in positive ones as well.

[3] heedlessly

[4] also used for *by force*

[5] particle used to make a simile, here, *as though possessed by a nat spirit*

သူ ပြောပြနေရာသည်ကို ကိုယ်လည်း ရပ်တရက်နားမလည်နိုင်သဖြင့် သူဆွဲခေါ်ရာသို့သာ နေရာမှထ၍ လိုက်ပါလာခဲ့သည်။

အိမ်မကြီး ညှေ့ခန်းဘက်သို့ ရောက်လာသည်နှင့်ပင်၊ ကိုယ့်သမီးအယ်ယမင်းသည် ခြံထဲမှ ပြေးတက်လာ၏။

'ကြက်ကလေး ပါသွားပြီ...ဖေဖေ၊ ကြက်ကလေး....။'

'ဟေ...။'

ဖိုးကျော်၏အမ ဆင်ဆင်သည် ခြံနောက်ဘက်မှ ပြေးထွက်လာပြန်၏။

'သမီးလိုက်တာ မရတော့ဘူး၊ ဖိုးကျော်က စတွေ့တာ... သူထအော်လို့... လှမ်းကြည့်တော့ မြန်လိုက်တာ...၊ ဟိုကြောင်အဖြူဝဝကြီး... ကြောင်စုန်း....။'

အိမ်ပေါ်မှ ခြံထဲသို့ ကိုယ်ဆင်းလာခဲ့၏။

အိမ်ဘေးနောက်ဘက်သို့ ကိုယ် ထွက်လာခဲ့သည်။

အိမ်နောက်ဘက် ရေဘုံဘိုင် နံဘေး၌ မစပယ်ကို မတ်တတ်ရပ်လျက်သား တွေ့ရသည်။ ဆန်ဆေးပြီးသား ထမင်းအိုးကို လက်နှစ်ဘက်ဖြင့် မ ကိုင်လျက်သား။

'တွေ့လိုက်သားပဲ... ဟောဟို ကားဂိုဒေါင်သွပ်မိုးပေါ်ကို တက်သွားတာ...'

'ကြက်ကလေး ပါသွားတယ်ဆို...'

'ပါးစပ်မှာ ငုံပါသွားတာပဲ၊ လှုပ်လှုပ် လှုပ်လှုပ်နဲ့၊'

'နင်ကဟယ်... လှမ်းမခြောက်လိုက်ဘူးလား။'

'သိပ်မြန်တာ... လှမ်းအော်တာပဲ၊ မရဘူး...၊ ကြက်ကလေးကလဲ တလှုပ် လှုပ်နဲ့ မသေသေးဘူး၊ ပါးစပ်ထဲ ငုံကိုက်ယူသွားတာ... အသာကလေး ပါသွားတာပဲ။'

ကိုယ်စိတ်ပျက်စွာဖြင့် ထိုနေရာမှ အိမ်ရှေ့ဘက်သို့ ပြန်ထွက်လာခဲ့၏။

ခရေပင်အောက်မှ ခုံတန်းလျားတွင် လာထိုင်နေမိသည်။

'စောစောက ကလေးတွေက သူ့အနားသွားတာတောင်... ထွက်မပြေးဘူး၊ ဖိုးကျော်က ယူကိုင်တော့လဲ လက်ထဲ အသာလေး ပါလာတာပဲ၊ သိပ်... ယဉ်တဲ့အကောင်ကလေး... ဟိုက... ကြောင်က... ခုတ်ဖို့အနားလာတာ၊ သူက ထွက်မပြေးလို့ပဲဖြစ်မှာပေါ့။'

ကိုယ့်ညီမ မိအေးက လှမ်းပြောနေ၏။

74

I do not immediately understand what he is telling me, so I get up and let him pull me along.

As we reach the living room, my daughter Yamin comes running in.

'The chick, he's been carried off Daddy, the little chick...'

'Oh no.'

Pho Kyaw's sister Hsint Hsint comes running up from the back of the garden.

'I chased her, but I couldn't catch her. It was Pho Kyaw who spotted them... he got up and started yelling, so I looked, but she was so fast. It was that big old fat white cat, the nasty one.'

I come down into the garden.

I go along the side of the house, to the back.

I see Ma Zabè standing by the pump at the back of the house. She had just rinsed the rice and had lifted the rice pot with both hands.

'I saw it with my own eyes... it got up on the roof of the garage.'

'It had the little chick?'

'It was holding the chick in its mouth; the chick was struggling.'

'Didn't you scare it away?'

'It was so fast... I shouted at it, but it didn't do any good. The chick was still moving, he wasn't dead yet. He was there in the cat's mouth... just gone before I knew it.'

Downcast, I go back to the front of the house.

I end up down at the bench under the starflower tree.

'At first, the children went up to him... and he didn't even run away. He let Pho Kyaw pick him up. He was very... tame. I suppose the... that cat... could come right up to him to catch him, and he didn't try to escape.'

My sister Mi Aye speculates.

'ကြောင်ကငုံပြီး ချိုသွားတာ၊ သူက လူတွေသူ့ကိုလက်နဲ့ဖမ်းပြီး ယူကိုင်သလို ထင်ပြီး အသာကလေးအငြိမ်သား၊[1] ပါသွားတာလားမှ မသိတာ၊'

အနီး ရောက်လာသော ကိုယ့်သမီးအကြီး ဝင်းမင်းက ပြော၏။

ကိုယ်အိမ်ပေါ်သို့ ပြန်တက်လာခဲ့သည်။

စာကြည့်စားပွဲရှိရာသို့ ပြန်လာခဲ့၏။

စားပွဲမှ ကုလားထိုင်တွင် အသာပြန်ဝင်ထိုင်သည်။

ရှေ့တည့်တည့်ရှိ ပြတင်းပေါက်မှ သုတ်ဖြူးတိုက်ခတ်၍ ဝင်ရောက်လာသော မြောက်ပြန်လေသည်အေးမြသန့်ရှင်းလတ်ဆတ်၏။

လေကို နှလုံးသားထဲအထိ ရောက်အောင် တဝကြီးအားရပါးရ ရှူရှိုက်သွင်း လိုက်မိသည်။

အသည်းဘဝင်နှလုံးထဲတွင် အေးမြလန်းဆန်းသွားသည်ကတော့ အမှန်ပါပဲ။

ဒါပေမယ့်...၊ ရင်ထဲတွင် တမျိုးကြီး ခံစားနေရသည်ကိုတော့ ကိုယ့်ဘာသာ ကိုယ် သိသည်။

ဆိုနှင့်နှင့်... တစ်ဆိုဆိုကြီးလို...။

ကိုယ်တစုံတခု တွေးတော စဉ်းစားလိုက်မိပြန်၏။

မိမိ လက်သည်းကလေး တချောင်းကို ပါးစပ်ထဲတွင် ထည့်ကာ၊ သွားဖြင့်ဖိ၍ ခပ်ဆတ်ဆတ်ကလေး ကိုက်ကြည့်မိသည်။

အခံရခက်ပြီးနောက်... ထုံကျင် စူးရှစွာ နာကျင်ခြင်း။

ကိုယ် စဉ်းစားနေမိ၏။

တဖဲ့ချင်း၊[2] ... တဖဲ့ချင်း... အရှင်လတ်လတ် ကိုက်စားခံရခြင်း။

အရှင်လတ်လတ်...။

သာယာလှပသော ဆောင်းနံနက်ခင်းတခု၌၊ တဖဲ့ချင်း... တဖဲ့ချင်း... မသေမချင်း၊[3] ... တကျွတ်ကျွတ်[4] မြည်အောင် ကိုက်စားခံရခြင်း။

76

'The cat picked him up in its mouth, and carried him off. He didn't know, and I bet he thought it was like like people catching him in their hands and holding him, so the cat could carry him off with ease, just like they were playing,' says my daughter Win Min, just coming up.

I go back into my house.

I go back to my desk.

I lower myself into my chair at the desk.

The north wind blowing through the window in front of me is cool, clean, fresh.

I breathe deeply, gulping in that air so that it will reach all the way to my heart.

My heart really does feel soothed, refreshed.

But... I still have that strange feeling in my chest, I have to admit it.

Choked up, as though there were something in my throat.

I think back to something.

I put my forefinger in my mouth, and bite down on it, hard.

It is hard to bear... a throbbing, sharp pain.

I think about it.

Little... by little... eaten, still alive.

Alive....

On a lovely cool season morning little... by little... feeling it, hearing it until death, crunching and crackling, eaten alive.

---

[1] *easily, happily, with alacrity*

[2] ဖဲ့- *to break off;* တ V ချင်း *is an affix to create adverbs indicating how something is done:* တဖြည်းဖြည်းချင်း *slowly;* တခုချင်း *one at a time;* တဦးချင်း *individually*

[3] မ V မချင်း *continuously until V*

[4] onomatopoeia for crackling, crinkling and crunching sounds. Duck tape is ကျွတ်ကျွတ်တိပ်; plastic bags are ကျွတ်ကျွတ်အိတ်

PART III

Practice

အပိုင်း (၃)

လေ့ကျင့်ခန်း

1. Refer to page 48 မ V1 ဘဲ V2-
   V2 without V1ing
   Read some examples and then make your own.

   ဘာမှ မပြောဘဲ ထွက်သွားတယ်။
   [I] left without saying anything.

   မပေးဘဲ သိမ်းထားတယ်။
   [He] kept it instead of giving to to [her].

   သိပ်မသွားချင်ဘဲ သွားရတယ်။
   [She] went although she did not much want to.

   မလှုပ်ဘဲ ငြိမ်နေတယ်။
   [She] stayed still, not stirring.

   You can add နဲ့ after the ဘဲ without changing the meaning.
   မီးမလိုဘဲနဲ့ မဖွင့်ရဘူး။
   Lights should not be turned on when they are not needed.

2. Refer to ခံတွင်းတွေ့- page 48
   acquire a taste for, have an appetite for, pronounced /ဂွင်း/
   Try using more expressions with ခံတွင်း

ခံတွင်းပျက်-	*lose one's appetite*
ခံတွင်းလိုက်-	*recover one's appetite*
ခံတွင်းပေါက်-	*recover one's appetite*
ခံတွင်းတောင်း-	*crave*
ခံတွင်းကောင်း-	*have a good appetite*

3. Refer to page 48 မနည်းပြောရ- and page 52, မနည်းကြီး ထိန်းထားခဲ့ရ-။
V to a great extent, V only with great effort
Try other verbs with မနည်း(ကြီး)V ရ

အောင်မြင်အောင် မနည်း ကြိုးစားရတယ်။
I had to try hard to succeed.

ပိုက်ဆံ မနည်းကြီး ကုန်ရတယ်။
I had to spend quite a lot of money.

ရယ်ချင်တာ မနည်း အောင့်ထားရတယ်။
It was not easy to hold back my laughter.

လုပ်သင့် မလုပ်သင့် မနည်းစဉ်းစားရတယ်။
I had to think hard about whether I should do it or not.

4. Refer to page 72: မှန်း
suffix to a word or phrase emphasising that one does or does not know something. It is most often used with သိ- but can be used with other verbs of knowledge.

ဘာလို့ကြောင့်မှန်း မသိဘူး။
I had no idea why.

ဘယ်လိုဆက်လုပ်ရမယ်မှန်း မသိဘူး။
I have no idea how to go on.

မလွယ်မှန်း သိနေပါပြီ။
I realised it was not easy.

ကျောချမှ ဓါးပြမှန်း သိတယ်။
[You] only know [he]'s a bandit with the stab in the back.

5. Refer to page 64: V ခဲ့
rarely or never V. What do you not do?

ဖြစ်ခဲ့တယ်။
[That] hardly ever happens. Very unlikely.

အိမ်ပေါ်ထပ်မှ အောက်သို့ ဆင်းခဲ့ကြတယ်။
They hardly ever come downstairs.

ဘီယာ သောက်ခဲ့တယ်။
[I] don't drink beer.

နယ်ကို သွားခဲ့တယ်။
[I] rarely go to the countryside.

6. Refer to page 76: ကိုယ့်ဘာသာ(ကိုယ်)
ဘာသာ (alternate spelling ဖာသာ) shows that an action is done on one's own, alone, of one's own ability or will. It induces a creaky tone in the pronoun before it, and is often used between repeated pronouns, though sometimes there is no following pronoun. Try using it yourself.

သူ့ဘာသာသူ သွားတယ်။
He went by himself. (i.e., alone, of his own volition or ability)

ကိုယ့်ဘာသာကိုယ် ဖတ်တယ်။
He read it on his own.

ထမင်းဟင်း မိမိဘာသာ ချက်စားကြရတယ်။
They had to cook for themselves.

ကိုယ့်ဘာသာ သွားကြည့်လိုက်။
Go yourself and see.

7. On page 74, when the narrator's wife gives a vague account of the chick being carried off he responds: ကြက်ကလေး ပါသွားတယ်ဆို... Add ဆို to the end of a sentence to indicates that you heard something, in the sense of 'the word is that...' 'I heard you...'

မနက်ဖြန်ထွက်မယ်ဆို။
So, you're leaving tomorrow I hear.

အလုပ် များနေတယ်ဆို။
Busy at work, [are you]?

လက်ဆောင်ပါတယ်ဆို။
[I] understand [you] have a present [for me].

ပြန်မလာတော့ဘူးဆို။
You said you weren't coming back.

8. Refer to page 48: စိုးသဖြင့် colloquially စိုးလို့ *in case, to prevent, out of concern that,* often used in incomplete sentences, to explain an action. What are you concerned about?

အကျီပေမယ်စိုးလို့။
Oh, your shirt might get stained.

နောက်ကျမယ်စိုးလို့ စောစောထွက်ကြရအောင်။
Let's leave early, so we won't be late.

မေ့ကျန်ခဲ့မယ်စိုးလို့ အခုအိတ်ထဲထည့်မယ်။
I'll put it in my pocket now, so I won't forget.

ကြောင်ဆွဲမယ်စိုးလို့ ကြက်ကလေး အိမ်ထဲမှာပဲ ထားရမယ်။
The chick should be kept in the house, otherwise a cat might catch it.

9. On page 78, မသေမချင်း:
   until death, until he dies.
   Try it with other verbs:

   မပြီးမချင်း လုပ်မယ်။
   [We] have to work until it is finished.

   အဆင့်သင့်မဖြစ်မချင်း စောင့်မယ်။
   [I] will wait till [it] is ready.

   ဆန်မရမချင်း ခေါက်ဆွဲပဲစားရမယ်။
   [You] will have to eat noodles until [I] can get some rice.

10. On page 46, the narrator speculates about the ways the first chick may have met its demise. Retell the ending of the story the way Ma Zabè did on page 74, if it had been any other of the animals which carried off the chick. Act it out with a partner.

11. Retell the story from the point of view of Moe Moe.

12. Retell the story from the point of view of Ma Zabè.

13. Write a eulogy for the hen.

14. Act out the story as a play, with a narrator.

15. Draw a map of the house and garden.

PART IV

Answers to questions

အပိုင်း (၄)

မေးခွန်းများအတွက်အဖြေ

1.a. What time does he wake up?
သုံးနာရီမှာ နိုးပါတယ်။
He wakes up at three o'clock.

1.b. Did he wake up earlier or later than usual?
မနိုးဘူး။ ပုံမှန် နိုးတဲ့အချိန်မှာ နိုးပါတယ်။
No, he woke at the usual time.

1.c. What is the verb for 'crow'? What is the noun?
တွန်–၊ တွန်သံ

၁ ကျ ။ ဘယ်လို ဆေးလိပ်မျိုး သောက်တတ်သလဲ။
What kind of cigarette/cigar does he smoke?
ဆေးပေါ့လိပ် သောက်တတ်ပါတယ်။
He smokes cheroots.

၁ ခ။ ။ သူ့အိမ်မှာ မီးလာသလား။
Is the power on in his house?
သူ့အိမ်မှာ မီးလာပါတယ်။
The power is on.

၁ ဂ။ ။ ရေနွေးအိုး ဘယ်မှာ သိမ်းထားတတ်သလဲ။
Where does he keep his teapot?
ရေနွေးအိုး စာအုပ်ဗီရိုကြီးပေါ်မှာ သိမ်းထားတတ်ပါတယ်။
He keeps his teapot on top of the big bookshelves.

2.a.   What day of the week is Venus associated with?
သောကြာနေ့
Friday
Note the unusual (but standard) spelling, in which the က is both the final of the first syllable and the initial of the second. It is pronounced as though written သောက် ကြာ။

2.b.   Does he drink his coffee black?
မသောက်ဘူး။ ကော်ဖီထဲကို နို့ဆီထည့်ပါတယ်။
No, he has sweetened condensed milk in his coffee.

2.c.   What is the verb for putting tea leaves in hot water?
ခတ်-

၂ က။ ။ ကြောင်အိမ်ထဲမှာ ဘာ ပစ္စည်းတွေ သိမ်းထားသလဲ။
What things does he keep in the meatsafe?
ကြောင်အိမ်ထဲမှာ ခွက်၊ ကော်ဖီမှုန့်၊ သကြားပုလင်း၊ နို့ဆီပုလင်း သိမ်းထားပါတယ်။
He keeps a cup, ground (or instant) coffee, the sugar jar, and the condensed milk jar in the meatsafe.

၂ ခ။ ။ မနက်ပိုင်းမှာ ကော်ဖီခွက် ဆေးရသလား။
Does he wash his coffee cup in the morning?
မဆေးဘူး။ ခွက်ကို အသင့်ဆေးထားပြီးသား။
No, the cup has already been washed and is ready.

၂ ဂ။ ။ ကော်ဖီဖျော်အပြီးမှာ သိမ်းစရာ ဘာတွေ ရှိသလဲ။
What does he put away after he brews his coffee?
သကြားပုလင်း၊ နို့ဆီပုလင်းတို့ သူ့နေရာမှာ ပြန်သိမ်းပါတယ်။
He puts the sugar jar and condensed milk jar in their places.

3.a. Where does he usually keep his notebook?
မှတ်စုစာအုပ် စားပွဲအံဆွဲတစ်ခုမှာ သိမ်းထားတတ်ပါတယ်။

3.b. How do you count drinks of coffee?
ကျိုက်

3.c. What is the Pali word used for *stream of consciousness*?
သန္တတိ

၃ ကII II ဘယ်နှနာရီထိုးပြီသလဲ။
What time is it?
လေးနာရီ ထိုးပါပြီ။
It is four o'clock.

၃ ခII II တစ်အိမ်လုံး နိုးနေပြီလား။
Is the whole house up?
မနိုးဘူး။ တစ်အိမ်လုံးအိပ်မောကျနေတယ်။
No, the whole house is sleeping.

၃ ဂII II သားအလတ် ဘယ်မှာအိပ်သလဲ။
Where does the middle son sleep?
သားအလတ် အိမ်မကြီး အပေါ်ထပ်မှာ အိပ်ပါတယ်။
The middle son sleeps upstairs in the main house.

4.a. Does he ever go back to sleep in the morning?
ပြန်မအိပ်ဘူး။ အခု မနက်စောစောစီးစီး မှန်မှန်ထပါတယ်။
He does not go back to sleep. Now he gets up early regularly.

4.b. What sound does he hear from his son's room?
ကြက်ပေါက်စကလေးရဲ့ အသံကို ကြားရပါတယ်။
He hears the sound of a chick.

4.c. What are the cats' names?
ကျားကြီး ကျားလေးလို့ ခေါ်ကြပါတယ်။
The cats are called Big Tiger and Little Tiger.

၄ က။ ။ သမီးဘယ်နှယောက် ရှိသလဲ။
How many daughters does he have?
သမီး လေးယောက် ရှိပါတယ်။
He has four daughters.

၄ ခ။ ။ အိမ်မှာ ကြက်ပေါက်စလေး ဘယ်နှကောင် မွေးသလဲ။
How many chicks did they have as pets?
အိမ်မှာ ကြက်ပေါက်စလေး နှစ်ကောင် မွေးတယ်။
They had two chicks as pets.

၄ ဂ။ ။ အိမ်မှာ မွေးတဲ့ကြောင်တွေ ဘယ်သူ့ကြောင်တွေလဲ။
Who do the pet cats belong to?
မေမေ့ ကြောင်တွေ ဖြစ်ပါတယ်။
The pet cats belong to the narrator's mother, မေမေ.

5.a. What is his middle son's name?
သားအလတ် နာမည် မိုးမိုးလို့ ခေါ်ပါတယ်။
His middle son's name is Moe Moe.

5.b. How do you say 'brain' in Burmese? Look up the pronunciation if you do not know it.
ဦးနှောက် /အုန်းနှောက်/

5.c. What kind of stories does his son dislike?
အချစ်ဝတ္ထု မကြိုက်ပါဘူး။
His son does not like love stories.

၅ ကုုု ။ သမီးအကြီး စာပေဝါသနာ ပါလား။
Does his eldest daughter like literature?
သမီးအကြီး စာပေဝါသနာ မပါဘူး။
His daughter does not like literature.

၅ ခ ။ လေသေနတ် ဘယ်သူ့ဆီမှာ အပ်ထားခဲ့သလဲ။
Who was the air rifle left with?
လေသေနတ် ဦးလေးတစ်ယောက်ဆီမှာ ထားပါတယ်။
The air rifle was left with an uncle.

၅ ဂ ။ 'အရိုင်း' ကာတွန်းကို ဘယ်သူရေးသလဲ။
Who is 'Wild One' cartoon by?
'အရိုင်း' ကာတွန်းကို သော်က ရေးပါတယ်။
'Wild One' cartoon is by Thawka.

6.a. Is his middle son good in school?
သားအလတ်က ကျောင်းမှာ စာမတော်ပါဘူး။
His son is not good in school.

6.b. In what sport does his son come in first or second?
ကြက်တောင်ရိုက်ရာမှာ ပထမ၊ ဒုတိယ ရပါတယ်။
[He] comes in first or second in badminton.

6.c. What does he find outside his son's door?
(အမှိုက် ကြိမ်ခြင်းတောင်းထဲ ထည့် အပေါ်က သံဆန်ခါနဲ့အုပ်ထားတဲ့ ကြက်ပေါက်စ တစ်ကောင်။
A chick (which had been put in a rattan rubbish basket which was covered with a metal screen).

၆ ကII ။ သားအလတ် ဘယ်ရာမှာ တော်သလဲ။
What is his middle son good at?
သားအလတ် အားကစားမှာ တော်ပါတယ်။
His middle son is good at sports.

၆ ခII ။ သားက သူ့အဘွားအတွက် ကြောင်တွေ ဘယ်က ရှာဖွေသလဲ။
Where did he find the cats for his grandmother?
ကြောင်တွေဘယ်က ရှာဖွေလာတယ် မသိပါဘူး။
[The narrator] does not know where he got the cats from.

၆ ဂII ။ စာရေးဆရာ သော်တာဆွေဆီက ဘာ တောင်းခဲ့သလဲ။
What did he ask the writer Thawta Swe for?
စာရေးဆရာ သော်တာဆွေဆီက တိုက်ကြက်တစ်ကောင် တောင်းခဲ့ပါတယ်။
He asked the writer Thawta Swe for a fighting cock.

7.a.　　Does he keep reading the same book?
　　　　စောစောက ဖတ်တဲ့စာအုပ် ဆက်မဖတ်တော့ဘူး။
　　　　He did not continue reading books he was reading earlier.

7.b.　　Where has he travelled to in the north?
　　　　မြောက်ပိုင်းမှာ ကချင်ပြည်နယ်နဲ့ ကမ္ဘောဇရှမ်းပြည် ရောက်ဖူးပါတယ်။
　　　　He has been to Kachin and Kambawza Shan States in the north.

7.c.　　How does he feel this morning?
　　　　ဒီမနက် စိတ် ကြည်မွေ့သာယာနေပါတယ်။
　　　　His mind is clear and happy, and he feels pleasant this morning.

၇ ။ က။ ။　ဒီနေ့မနက် စာသိပ်ဖတ်ဖြစ်လား။
　　　　Did he read a lot this morning?
　　　　ဒီနေ့မနက် စာသိပ်မဖတ်ဖြစ်ပါဘူး။
　　　　He did not manage to read much this morning.

၇ ။ ခ။ ။　ဘယ်လို စာအုပ်မျိုး ဖတ်နေလဲ။
　　　　What kind of books is he reading?
　　　　စာပေ ဝေဖန်ရေးစာအုပ်တွေ ဖတ်နေပါတယ်။
　　　　He is reading literary criticism.

၇ ။ ဂ။ ။　ဘာအလုပ် လုပ်နေလဲ။
　　　　What kind of work does he do?
　　　　အယ်ဒီတာ လုပ်ပါတယ်။
　　　　He is an editor.

8.a. Does the chick peep from time to time?
ကြက်ကလေး အဆက်မပြတ် အသံ မြည်တယ်။
The chick peeps continuously.

8.b. What is the word for 'concrete floor'?
သမံတလင်း

8.c. What does he feed the chick?
ကြက်ကလေးကို ဆန်ကွဲ ကျွေးပါတယ်။
He feeds the chick broken rice.

၈ ၊ က ။ အိမ်ရှေ့ခန်းမှာ လင်းနေပြီလား။
Is it light in the front room?
အိမ်ရှေ့ခန်းမှာ လင်းနေပါပြီ။

၈ ၊ ခ ။ စားပွဲဟောင်းပေါ်မှာ ဘာတွေ့ခဲ့သလဲ။
What did he see on the old table?
စားပွဲဟောင်းပေါ်မှာ ဆန်ကွဲတွေ့ခဲ့တယ်။
He saw broken rice on the old table.

၈ ၊ ဂ ။ ကြက်ပေါက်စလေး ဘယ်နားမှာ စောင့်ခဲ့သလဲ။
Where did the chick wait?
ကြက်ပေါက်စလေး စာရေးဆရာ့ ခြေရင်းနားမှာ စောင့်ခဲ့ပါတယ်။
The chick waited by the writer's feet.

9.a. How many steps are there?
လှေကား သုံးဆင့် ရှိတယ်။
There are three steps.

9.b. Can adult and baby chickens be kept together?
ကြက်ကြီး ကြက်ကလေးနဲ့ အတူ ထားမရပါဘူး။
Chickens and chicks cannot be kept together.

9.c. How old is the chick?
ကြက်ကလေး နှစ်လလောက် ရှိပါပြီ။
The chick is about two months old.

၉ ။ က ။ ကြက်ဖ ဘယ်နှကောင် ရှိလဲ။ ကြက်မ ဘယ်နှကောင်လဲ။
How many cocks do they have? How many hens?
ကြက်ဖ တစ်ကောင်၊ ကြက်မ နှစ်ကောင် ရှိပါတယ်။
They have one cock and two hens.

၉ ။ ခ ။ ကြက်ကလေး အရင် ဘယ်မှာ ထားခဲ့ဖူးလဲ။
Where else did they keep the chick?
သားအလတ်ရဲ့ သူငယ်ချင်းဆီမှာ ထားခဲ့ဖူးပါတယ်။
They kept it at the middle son's friend's house.

၉ ။ ဂ ။ ကြောင်တွေ ဘယ်က ရလဲ။
Where did they get the cats?
ကြောင်တွေ ဘယ်က ရသလဲ မသိပါဘူး။
The narrator does not know where the cats are from.

10.a. Was Moe Moe with them when they found that the hen was dead?
ကြက်မကြီးသေနေတာ တွေ့တဲ့အခါ မို့မို့ မပါဘူး
Moe Moe was not there when they found that the hen was dead.

10.b. What did he expect the workers to do with the chicken?
အလုပ်သမားတွေ ကြက်ကို ချက်စားမယ်လို့ထင်ပါတယ်။
He thinks the workers will cook and eat the chicken.

10.c. What do you think မိတဆိုး means? Do you know any related words?
မိတဆိုး means *motherless child*. You might know မိဘ *parents*, သားအမိ *mother and son*.

၁၀ ကII ။ သူတို့ ရပ်ကွက်မှာ သစ်ပင်၊ ပန်းပင်တွေ မရှိဘူး မှန်သလား။
Is it true that there are no trees or flowers in their neighbourhood?
သူတို့ ရပ်ကွက်မှာ သစ်ပင်၊ ပန်းပင်တွေ အများကြီးရှိပါတယ်။
There are trees and flowers in their neighbourhood.

၁၀ ခII ။ ဒီစာရေးဆရာဟာ မြွေကိုက်တဲ့အကြောင်း ကောင်းကောင်းနားလည်သလား။
Does the writer know much about snakebite?
စာရေးဆရာ မြွေကိုက်တဲ့အကြောင်း ကောင်းကောင်း နားမလည်ပါဘူး။
The writer does not know much about snakebite.

၁၀ ဂII ။ ကြက်မ ဘယ်နားမှာ သွားမြေမြှုပ်ခဲ့သလဲ။
Where did they bury the hen?
ကြက်မ ခြံအရှေ့တောင်ထောင့်မှာ သွားမြှုပ်ခဲ့ပါတယ်။
They buried the hen in the east corner of the garden.

11.a. Where was Moe Moe when the chick disappeared?
ကြက်ကလေးပျောက်တဲ့အခါ မိုးမိုး ကျောင်းတက်နေပါတယ်။
Moe Moe was at school when the chick disappeared.

11.b. Why could the narrator not watch the chick?
အလုပ်များလို့ ကြည့်မပေးနိုင်ပါဘူး။
He could not watch the chick as he was busy.

11.c. Did they find the feathers and bones?
အမွှေးအတောင်အရိုးအစမှ မတွေ့လိုက်ရတော့ပါဘူး။
They did not find any feathers or bones.

၁၁ ကII ။ ကြက်တွေ ဘာကို ကျွေးသလဲ။
What do they feed the chickens?
ကြက်တွေကို ဆန်ကွဲ ကျွေးပါတယ်။
They feed the chickens broken rice.

၁၁ ခII ။ အိမ်ရှေ့မှာ ဘယ်လိုခုံမျိုးရှိသလဲ။
What kind of seat is in front of the house?
အိမ်ရှေ့မှာ ခုံတန်းလျား တစ်ခု ရှိပါတယ်။
There is a bench in front of the house.

၁၁ ဂII ။ ကြက်ကလေး ရိုင်းသလား၊ ယဉ်သလား။
Is the chick wild or tame?
ကြက်ကလေး ယဉ်ပါတယ်။
The chick is tame.

12.a. What are the side-door steps made of?
ဘေးပေါက် လှေကားတွေက အုတ်လှေကားပဲ။
The side-door steps are brick.

12.b. Does the narrator have more than one younger sister?
ရှိတယ်။ ညီမအကြီးနဲ့ အငယ်တို့ ရှိတယ်။
Yes, he has older and younger little sisters.

12.c. How can you tell that Pho Kyaw is a young child?
ဖိုးကျော်က မပီကလာ ပီကလာ စကားပြောလို့ ငယ်တယ်လို့ သိရပါတယ်။
You can tell that Pho Kyaw is very young, as he still speaks with a childish lisp.

၁၂ ကII ။ စာရေးဆရာ စာအုပ်ဖတ်နေချိန်မှာ ကြက်ကလေး အန္တရာယ်ဖြစ်သလား။
Is the chick in danger while the writer is reading?
စာရေးဆရာ စာအုပ်ဖတ်နေချိန်မှာ ကြက်ကလေး အန္တရာယ်မဖြစ်ပါဘူး။ အန္တရာယ်ကင်းတယ်။
The chick is not in danger while the writer is reading; it is safe.

၁၂ ခII ။ သူ့တူ နာမည် ဘယ်လို ခေါ်သလဲ။
What is the narrator's nephew's name?
သူ့တူ ဖိုးကျော်လို့ ခေါ်ပါတယ်။
The narrator's nephew is Pho Kyaw.

၁၂ ဂII ။ သူ့ဇနီး နာမည် ဘယ်လို ခေါ်သလဲ။
What is the narrator's wife's name?
ဇနီးနာမည် မစပယ်လို့ ခေါ်ပါတယ်။
The narrator's wife is called မစပယ် (Jasmine).

13.a. Where does the chick fly from the chair?
ကြက်ကလေး ကုလားထိုင်ပေါ်က စားပွဲပေါ်ကို ခုန်ပျံတက်လာပါတယ်။
The chick flies from the chair to the desk.

13.b. Where does the chick hide itself?
ကြက်ကလေး စာရေးဆရာ့ ပုဆိုးခါးပုံစ အကြားကို တိုးဝင်ဝပ်နေပါတယ်။
The chick goes into the cloth at the waist of the writer's longyi.

13.c. What is the opposite of ငုံ့ကြည့်-?
မော့ကြည့်-။

၁၃ ကII ။ ကြက်ကလေး ကျယ်ကျယ်အော်သလား။။
Does the chick call loudly?
တိုးတိုးညှင်သာတဲ့ အသံကလေးနဲ့ တပီပီအော်နေပါတယ်။
The chick makes quiet peeping noises.

၁၃ ခII ။ စာရေးဆရာ ကြက်ကလေးကို ဖမ်းလို့ ရသလား။။
Can the writer catch the chick?
စာရေးဆရာ ကြက်ကလေးကို အသာလေး ဖမ်းလို့ ရပါတယ်။
The writer can gently catch the chick.

၁၃ ဂII ။ ကြက်ကလေး ထွက်ပြေးသလား။။
Does the chick run away?
ကြက်ကလေး ထွက်မပြေးပါဘူး။။
The chick does not run away.

14.a. How do you say 'mother and children'? What was 'father and son(s)'?

သားအမိ is mother and children; သားအဖ was father and son(s).

14.b. What place does the chick stay near?

စာကလေးတွေအတွက် ဆန်ကွဲစကလေးတွေ ကြဲချပေးထားတဲ့ နေရာက မခွာတော့ဘူး။

The chick does not go away from the place where we scattered broken rice for the sparrows.

14.c. Why does the writer go back inside?

ကလေးတွေက ကြက်ကလေးကို ဝိုင်းကြည့်ပေးနေကြလို့ စာရေးဆရာ အိမ်ပေါ်ကို ပြန်တက်လာခဲ့တယ်။

The writer went back into the house because all the children were watching the chick.

၁၄ ကII II ဆန်ကွဲ ဘာကြောင့် ကြဲချကြသလဲ။

Why did they scatter broken rice grains?

စာကလေးတွေအတွက် ဆန်ကွဲစကလေးတွေ ကြဲချပေးထားတယ်။

They put broken rice out for the sparrows.

၁၄ ခII II ဒီနေ့ ဘာနေ့လဲ။ ဒီနေ့

What day is it?

စနေနေ့။

It is Saturday.

၁၄ ဂII II မနက် စောစောက ကူးချင်တဲ့စာ ကူးပြီးပြီလား။

Has he finished copying what he wanted to in the early morning?

မနက်စောစောကူးတဲ့စာကို ကူးမပြီးသေးဘူး။

He had not finished copying the passages from the early morning.

15.a. Who shouts at the top of his lungs?
ဖိုးကျော်က သံကုန် ဟစ်အော်တယ်။
Pho Kyaw shouts at the top of his voice.

15.b. Does the narrator immediately understand the boy?
သူ ပြောပြတာကို ရုတ်တရက် နားမလည်နိုင်ဘူး။
He does not immediately understand the boy.

15.c. Who tells the writer what happened?
ဖိုးကျော့်အမ ဆင်ဆင် ပြောပြတယ်။
Pho Kyaw's sister Hsint Hsint tells him.

၁၅ ကII ။ စာရေးဆရာရဲ့တူ ဘာကြောင့် တစ်ခါတစ်ရံ အော်ဟစ်သလဲ။
Why does his nephew often shout?
တစ်ခါတစ်ရံ ဘာမှန်းမသိ အော်ဟစ်ပြီး ဆော့ကစားတတ်တယ်။
He often shouts for no known reason when he plays.

၁၅ ခII ။ ကလေးက ရှိသလောက်အင်အားကို ဘယ်လို သုံးသလဲ။
How does the child use his strength?
ကလေး ရှိသလောက်အင်အားကို သုံးပြီး စာရေးဆရာကို ဆွဲခေါ်တယ်။
He uses his strength to pull the writer along.

၁၅ ဂII ။ ဖိုးကျော်နဲ့ ဆင်ဆင်တို့ ဘယ်လို တော်သလဲ။
How are Pho Kyaw and Hsint Hsint related?
ဖိုးကျော်နဲ့ ဆင်ဆင် မောင်နှမ တော်ပါတယ်။
ဖိုးကျော်က ဆင်ဆင် မောင်လို တော်ပါတယ်။
ဆင်ဆင်က ဖိုးကျော် အမ ဖြစ်ပါတယ်။
They are brother and sister.

16.a. What does the cat look like?
ကြောင်အဖြူဝဝကြီးပါ။
It is a fat white cat.

16.b. Where do they get their water from?
ရေက အိမ်နောက်ဘက် ဘုံဘိုင်ကရပါတယ်။
They get water from a pump behind the house.

16.c. How do you say 'hold in the mouth'? Carry in the mouth?
ငုံ–၊ ချီ–

၁၆ က။ ။မစပယ် အိမ်နောက်ဘက်မှာ ဘာပြင်ဆင်နေသလဲ။
What is Ma Zabè preparing at the back of the house?
မစပယ် ထမင်းချက်ဖို့ ပြင်ဆင်နေပါတယ်။
Ma Zabè is preparing to cook rice.

၁၆ ခ။ ။ ကြောင်က ကြက်ကလေးခုတ်တာ ဘယ်သူ စတွေ့သလဲ။
Who first saw the cat catch the chick?
ဖိုးကျော်စတွေ့ပါတယ်။
Pho Kyaw was the first to see the cat catch the chick.

၁၆ ဂ။ ။ ပြတင်းပေါက် ပိတ်ထားသလား။
Is the window closed?
ပြတင်းပေါက် မပိတ်ဘူး။
The window is not closed.

17.a.   Which of his fingers did he bite?
        လက်ညှိုးကို ကိုက်ပါတယ်။
        He bit his index finger. He bit his forefinger.

17.b.   How did he feel before he bit his finger?
        ဆို့နှင့်နှင့် တစ်ဆို့ဆို့ခံစားပါတယ်။
        He felt choked up.

၁၇ ကII ။ လက်ချောင်းကိုကိုက်တော့ ဘယ်လိုခံစားရလဲ။
        How did it feel when he bit his finger?
        လက်ချောင်းကိုကိုက်တော့ စူးစူးရှရှ နာကျင်ပါတယ်။
        He felt a sharp pain when he bit his finger.

၁၇ ခII ။ သူဘာကို စဉ်းစားနေတာလဲ။
        What is he thinking about?
        အေးမြသာယာသော ဆောင်းနံနက်ခင်းမှာ ကိုက်စားခံရခြင်း အကြောင်း စဉ်းစားနေပါတယ်။
        He is thinking about being eaten alive on a cool, pleasant winter morning.

Notes and New Words and Phrases

www.ingramcontent.com/pod-product-compliance
Lightning Source LLC
Chambersburg PA
CBHW051808040426
42446CB00007B/573